图书在版编目（CIP）数据

人生的智慧/（德）叔本华著；刘勃译．－－北京：华夏出版社，2016.8（2023.2 重印）
ISBN 978-7-5080-8856-3
Ⅰ．①人… Ⅱ．①叔… ②刘… Ⅲ．①叔本华，A.（1788-1860）－人生哲学－哲学思想 Ⅳ．①B516.41
中国版本图书馆 CIP 数据核字（2016）第 131729 号

人生的智慧

作　　者	［德］叔本华
译　　者	刘　勃
责任编辑	陈小兰　　增　慧
出版发行	华夏出版社有限公司
经　　销	新华书店
印　　装	三河市万龙印装有限公司
版　　次	2016 年 8 月北京第 1 版 2023 年 2 月北京第 5 次印刷
开　　本	880×1230　　1/32 开
印　　张	6.75
字　　数	130 千字
定　　价	39.00 元

华夏出版社有限公司 地址：北京市东直门外香河园北里 4 号 邮编：100028
网址：www.hxph.com.cn　电话　（010）64663331（转）
若发现本版图书有印装质量问题，请与我社营销中心联系调换。

目 录

译者序
/001

前 言
/001

第1章
主题的划分
/001

第2章
个性，或者说一个人是什么样的人
/019

第3章
所有物，或者说一个人有什么东西
/061

第4章
地位，或者说一个人在别人心目中的位置
/075

译者序

每次跟人谈起刚读完的一本书并有感而发时，总会有人说："应该把你想到的写下来。"我往往会回答说："他／她已经把我想说的都说了，所以我无话可说了。"阿兰·德波顿在其作品的中文译本总序中准确无误地说出了我的这种想法，他说："最好的书能清楚地阐明那些你长久以来一直心有所感，却从来没办法明白表达出来的东西……那位作者用确切的文字描述了一种情境，这种情境我们原以为只有我们自己才有所会心。"就连为什么要读书这一点他也替我说了，而且几乎丝毫不差。他说，他是"抱定为了更好地理解自己以及自己所处环境的目的去读书的……这些书能有效地防止我们因自觉并不完全属于人类大家族而滋生的伤感情绪：我们觉得孑然孤立，谁都不理解我们。我们身上那些更加隐秘的侧面——诸如我们的困惑、我们的愠怒、我们的罪恶感——有时竟然在某一书页上跟我们撞个正着，一种自我认同感于是油然而生"。我也这样，"读书时总抱着非常个人化的理由：为了帮

读书生活的确让我的内心强大了许多。

我更好地生活而读书",这样就"可以使我们换一种达观的态度看待自身的困境,因为我们可以学着站在普世的高度看问题"。是的,这些年的读书生活的确让我的内心强大了许多,哲学方面的书所起的作用尤其大。仔细想想,我在这方面多少还是有话可说的。作为本书的译者,我就先从叔本华和他的这本《人生的智慧》说起吧。

年轻时曾囫囵吞枣地读过叔本华的代表作《作为意志和表象的世界》,除了悲情主义之外,这部大作几乎没给我留下什么印象。现在,特别是在译完这本《人生的智慧》后,当初的模糊印象变成了真实的感受。当然,这种感受并不是完完全全、真真切切的感同身受。可是即便还没"识尽愁滋味",自己至少也有了一些人生经历和体会,因而对叔本华的"人生智慧"还是颇有感触的。有一件事可以部分地说明这一点:在审阅译稿的同时,我也用红色字体标注了自己眼中的真知灼见,以供日后品读和引用。其清晰的思维,缜密的逻辑,准确、凝练的语言和敏锐的洞察力让我赞叹不已,以至于很多地方几乎是整页标注。我认定,他对人性和人生的深刻感悟不可能凭空而来,一定源于他的生活、源于他的人生。根据自己的体会,我多少想象得出他的性格和成长环境。可想象毕竟不是事实,所以我很想知道,历史上的叔本华到底是个什么样子?究竟是什么样的人生让他生出了这样的《人生的智慧》?

为此,我翻阅了一些有关叔本华的书。在我力所能及的范围内,我觉得《叔本华及哲学的狂野时代》一书很值得参考。该书所依据的资料丰富而翔实,仅参考文献目录就有11页之多。值得一提的是,书中大量引用了叔本华的个人独白以及与他接触过的人的亲笔信,如叔本华为申请柏林大学教职而写的个人《简历》、他秘不示人的随笔《写给自己》以及母亲约翰娜写给他的大量信件。这让我有一种真实感,也让我觉得自己可以借此看清叔本华,因为我深信,一个人的一切一定与他的性格、家庭、学习、工作和生活有关,在我看

老年叔本华

来，这些资料的确真实地记录了叔本华在这些方面的表现。现在我就把它们摘录出来，一来可以帮助自己理清思绪，二来能为愿意了解叔本华和这本《人生的智慧》的人提供些许参考。

先说说他的性格。母亲曾在一封信中告诫他说："由于生硬的个性，我也未见得就讨人喜欢，虽然自己如此，我还是无法忍受那些只图自己满意而不顾他人的家伙和他们的行为……你并非天生就有如此不好的个性。"父亲在最后一封信中也忠告过儿子："我希望你能学会让人感到舒服。"姨妈也曾用同样的口吻对他说："你应该接受身边的人，他们是怎么样的就是怎么样的。待人不要过于苛刻，只有这样，你才能赢得别人多一点好感，于你自己而言，这也一定会愉快得多。"一位在叔本华晚年的一次用餐时结识的作家却是这样描述他的："他体态匀称，始终衣冠楚楚（只是剪裁有些过时），中等身材，头上留着银白色的短发，两腮的胡子像军人那样向两边翘，而面部的其他地方则刮得很干净，面色红润，两只深蓝色的眼睛熠熠生辉，大多数时候自足地低垂着，看着眼前的东西，充满了睿智。他的面孔并不帅气，但却充满智慧，常常做出某种带着讽刺的微笑表情。他通常给人一种内敛的印象，可当他表达自己的观点时，却显得古怪而特别。大家用餐时聚在一起，每个人的涵养参差不齐，有一部分平时规矩、本分的人也会变得目空一切，表现古怪的叔本华便为他们提供了谈资，成为他们讽刺的对象。他虽然常常显得有些滑稽，脾气不好，但其实他是一个没有什么恶意的、善良的、只是有些不太客气的人。他的这种性格让他成了那些讲究吃喝玩乐的有钱人经常嘲弄（当然并没什么恶意）的对象，而这些人本身倒是一些无足轻重的人物。"

再说说他的家庭。父亲弗洛里斯·叔本华是一位有名的商人，对英国的生活方式赞叹不已，以至于想让妻子在英国生产，以便让孩子获得英国国籍。他崇尚市民自治的共和主义，读了不少卢梭和伏尔泰的书，还订阅了《泰晤士报》。即使普鲁士国王腓特烈大帝不无赏识地要求他在普鲁士定居，他也毫不领情，因为他独立，与普鲁士势不两立，从来不会对强权感恩戴德。然而崇尚自由、独立的父亲却有一种恐惧感，以至于让妻子在临近分娩时踏上了危险的返乡之路。他害怕自己年轻的妻子在伦敦所受到的众人的关切会让自己失去原有的中心地位，因为妻子曾说："……我在这里无处不受到众人的深切关心，这使得他产生了某种担忧，以为我待在伦敦于他而言是一件危险的事情，这最终促使他放弃了为未出世的孩子所做的一切谋划。"

母亲约翰娜·叔本华比丈夫小20岁，出身于普通市民家庭，丈夫死后，她因继承到的遗产而在魏玛过着独立自主的生活。她在魏玛社交界颇具声望，与歌德交往甚密，后来还成了作家。她写过传记、游记，还有小说，德国布罗克豪斯出版社在19世纪20年代末出版了她20卷本的作品集。她在将近十年的时间里是全德国最著名的女作家。

有关她的个性，她曾在回忆丈夫死后的那段日子时说："我没有选择返回故乡，回到亲戚朋友那里（每个女人在我当下的处境时都会这么做），而是选择了对我来说完全陌生的魏玛。""我是为了自己才这样做的。""感谢上帝，我还算聪明，得以从一切类似的亲戚关系中脱身出来。我可以从远处静观这些是是非非，我愈发感到，所有这些鸡毛蒜皮的琐事只会破坏我那原本良好的生活。"她还很受欢迎。前面提到过，她在伦敦受到众人的关切竟让丈夫有了恐惧感，她在魏玛的家也常常宾客云集，连歌德都会经常到访。根据同时代人的一致记述，歌德在约翰娜家比在其他任何地方都显得轻松、亲切、没有架子。

父母的感情和婚姻如何呢？母亲曾不无幽怨地回忆起怀孕到生产的这段经历："没有人帮助我，我必须独自承受并消解自己的痛苦……终于在无奈之下，我乖乖地顺从了丈夫的意愿。"她还说过："我从不虚情假意地表明我对他的爱多么炽热，他对此也没有什么要求……每个人在年轻时经历了初次苦痛之后都会轻易而心甘情愿地为这种迷惘所左右……对于被娇宠惯了的天真烂漫的年轻女孩子来说，光耀、地位、头衔是那么充满诱惑力，这足以诱使涉世不深的人缔结婚约，今天仍有如此之多的人这么做。这是失策之举，人们要终生为此忍受最严酷的惩罚，即使是今天，也很少有人能幸免于此……出于对自己的关爱，我的内心总有一种声音在指导着我的一言一行，我准备终生都遵循它的教诲。"

说到家庭，就一定要说一说父母对他的影响。父亲想让他"成为一名勤奋的商人，做一个有世界胸襟和良好教养的

闲暇是个人财物中最美的东西。——苏格拉底

人"。为此，他九岁时父亲就把他送到法国学习法语和社交礼仪。两年之后，又送他进了汉堡一所专门培养未来商人的私立学校。可他并不想成为商人，总是跟父亲念叨着想转到教授人文知识的中学念书。他想成为一名学者，学习拉丁语、希腊语、文学和哲学。他还遍阅了父亲的藏书，其如饥似渴的程度从母亲写给他的一封信中可见一斑："我所希望的是，你暂时将那些作家搁在一边……你现在才15岁，却已经读过并钻研了德国、法国以及部分英国最杰出的作家的作品。"父亲根本不同意，他把两条路放到儿子面前让他选择：要么转到教授拉丁语的人文中学读书，日后上大学；要么可以和父母一起游历欧洲各国，但回来后必须进商号当学徒，然后子承父业。他选择了后者。

旅行结束后，他前往但泽学习自己不愿学的商业知识。父亲对他很严厉，日后他承认道："由于父亲的严厉，在教育过程中我吃了不少苦头。"父亲还写信警告他："关于行走和坐姿端正一事，如果你不把这件大事放在心上，我将请求任何一个与你交往的人给你一下子。那些公侯子弟就领教过，为了避免一辈子当混球，一时之痛必不可免。""经商的人无法靠跳舞和骑马过活。商人的信函要写得漂亮，能让人读得下去，有时我在你的信中发现大写字母写得简直不像样子。"1805年4月20日，人们在他家仓库后面的运河里发现了他父亲的尸体，许多迹象表明这是自杀。然而父亲的性格和威仪始终影响着他，他曾在日后的书信中写道："虽然从某种程度上我已经可以自己做主了，母亲也无法阻止我做什么，可我还是继续在商家学徒，一方面是因为巨大的悲恸阻碍了我的心智，另一方面我也不愿意在父亲尸骨未寒之际便放弃他的决定因而受到良心的谴责……由于这种痛苦，我的悲伤与日俱增，简直离实实在在的抑郁相去不远了。"他曾在秘不示人的随笔《写给自己》中说："我从父亲那里继承了他的恐惧感，这正是我所诅咒的……并施展全部的意志与之抗争。"

与父亲对他的影响相比，母亲对他的影响也许更大。通过父亲死后母亲写给他的一封封信，我们大致可以知道他有一位怎样的母亲，她对他的影响也就不言而喻了：

> 你对自己的处境一点儿也不满意，这一点我早就知晓，可是对此我并不十分在意，因为你知道我将你的不快乐归结于什么原因。此外，我十分清楚，你青年时代的那种活泼的个性现在已经所剩无几，而你又从你父亲那里继承了可悲的遗产——愁苦冥想的习惯。我经常担心的就是这一点，可是对此我无法改变，因此我不得不宽慰自己，只希望时间可以改变很多事情，或许时间也

愿意在这方面使你改变。

……

我知道，过一种打心底不情愿的生活将意味着什么，我想让你免去这种痛苦……要么生活在大城市里，希望自己有朝一日成为富人，或许还可以受人尊敬；要么过一种平凡而充满劳作的生活，生活在寂寞之中，没有荣耀可言，或许还默默无闻，只有通过追求和获取更高层次的东西来让自己快乐……你下了决心就告诉我，可是你必须独自做出决定，我不愿也不会提供什么建议。

正是在母亲和她的一位朋友的建议下，他告别了自己不喜欢的商旅生涯，走上了自己情有独钟的哲学之路。她帮他结束了学徒生活，在魏玛附近的哥达找了住处，在一所出色的人文中学办理了入学手续，还为他请了家庭教师。

母亲并没有为他出色的学习成绩喝彩，她曾在信中说："你在学习方面的良好状态并没有超出我的期待。"还对他在来信中的炫耀之词予以告诫："我不喜欢你和这些伯爵家的千金小姐和男爵们纠缠在一起。难道我们这个阶层中就没有一个让你感兴趣的人吗？那些人和你不一样，他们生下来就不用去争取什么，自以为高人一等。他们的观点和前途

> 如果我想在这世上做出点儿成绩,就离不开别人对我们的看法。——叔本华

与我们不同,与他们交往会导致更大的支出,而且还会搅乱我们的视线。你属于市民阶层,你也最好待在这个世界里。好好想想,你曾向我保证,你愿意放弃一切荣耀。与追逐浮华和表象相比,如果你能够献身科学,这会给你带来更多的荣誉。"

母亲是这样评价自己的儿子的:

你人不坏,也不是没有思想和修养。你拥有一切必需的素质,这可以让你为人类社会增添光彩。我了解你的性情,我知道没有几个人能够比得上你。尽管如此,你还是令人十分厌烦，让人难以忍受，我觉得和你生活在一起是一件十分辛苦的事。你的绝顶聪明让你所有的优良品质暗淡无光，对这个世界而言，这些品质毫无用处。这仅仅是由于你无法控制自己的愤怒，想处处高人一筹，到处找别人的错处而将自己排除在外，想事事改进、样样精通。于是你激怒了身边的人，没有人愿意用如此激烈的方式完善自己，使自己顿悟，至少没有人愿意接受像你这样一个无足轻重的人的点拨，没人能接受这一点。何况你自己还有那么多缺陷可以让人挑剔，他们尤其不能忍受你那种轻蔑的态度，你以一种近乎占卜的口吻说某事就是这么回事儿，自己却预料不到会遭到他人的指责。如果你没那么聪明，你就会成为别人的笑料，可你现在的样子却十分招人恨。如果你能默默地走你自己的路，也让别人安心地走他们自己的路，原本还是可以在哥达平静地生活和学习的。在一般规则允许的范围内，你也能拥有所有的个人自由。可你不愿这么做，于是你被赶了出去。

母亲不想和自己的儿子住在一起，她让他转到周边一座城市的人文中学继续读书。

母亲还挑明了母子关系：

我觉得最好不要拐弯抹角，我现在就把我的愿望和心里的想法告诉你，为的是我们能明白彼此的想法。我真的喜欢你，对此你不会怀疑，我也向你证明了这一点。只要我还活着，今后还会继续证明给你看。我的幸福就是知道你生活得幸福，这对我来说是必要的，可是我不必成为你的幸福生活的见证人。我对你说过多次，和你生活在一起会很困难……我不想对你隐瞒，只要你还是现在这个样子，我就得牺牲我的全部，但我很难做这个决定。我不隐讳你的优点，而让我感到害怕、使我退缩的不是你的内心，而是你的个性、你的言论、你的观点、你的评判、你的习惯，总而言之，在事关外部世界的问题上，我与你在任何方面都无法达成一致。另外，你的闷闷不乐不但让我感到压抑，还破坏了我欢快的幽默情绪，而这对你也没有一点好处。瞧，亲爱的阿图尔，你来这儿看我也就那么几天，可每次都有激烈的场面出现，而且都只是为了鸡毛蒜皮的事儿。只有在你走后，我才能自由地呼吸。你在的时候总是对那些不可避免的事不停地抱怨，你那阴沉的表情，你那荒诞不经的判断，而且就像卜辞那样从你的口中说出来，不容他人对此提出异议，这一切都让我感到压抑。其实我多么想对此提出异议啊，可每次我都必须强按内心的抗争，只是为了不引起新的争吵。我现在生活得很平静，一年中从没经历过如此不愉快的时刻，这还得感谢你。为了自己，我保持沉默，没有人反对我，我也不反驳任何人，在我的家中听不到大声喧哗。一切都在周而复始地运转，我也走着自己的路。无论在哪里，人们都不会发现有人在发号施令、有人在俯首帖耳，每个人都安心地做着自己的事儿。日子一天天地过去，可我并不知道它的轨迹，这就是我真实的存在。如果你还愿意让我在余生继续拥有这份安宁和幸福的话，那就让它继续下去吧。亲爱的阿图尔，如果你再长几岁，对某些事情再看得透一些，我们彼此之间就会更和谐的。

……

你好好听着我想如何跟你相处：在你自己家里你是主人，在我这里你是客人，就像结婚以后我在父母家也是客人一样。一位受欢迎的可爱的客人总能受到亲切的款待，可他不应干涉主人的家事。你也不要管我的家事，迄今为止没有你我也料理得很好，今后也会如此。我绝不容忍别人反驳，因为这只能让我不快而且于事无补。

你每天中午一点来，待到三点，我不想在其他时间看见你，我主办聚会的那两天除外。那两天只要你愿意就可以来，还可以留下来用晚餐，前提是你能忍住不挑起让人讨厌的辩论，这种辩论总让我心烦意乱。此外也收起你对愚蠢的世界和人类痛苦的那些抱怨，因为每每听了这些，接下来便是一个糟糕的夜晚，我总是做噩梦，而我多想好好地睡一觉啊。关于你的事情，如果我必须知道，你可以在中午对我说，其他时间你必须自己安排。我不会为了哄你开心而让自己受罪，我早已习惯独处，再也改不了这个习惯了。我请你不要反驳，我无论如何也不会改变这个打算，你的晚餐我会让厨娘每天晚上给你送过去，你家里应该有茶，必要的餐具我会给你一些，如果你愿意的话，我还可以给你一个茶叶罐子……每周有三场戏剧演出、两次聚会，你在这里有足够的机会消除疲劳，而且不久就会认识一些年轻朋友。你现在知道我的心愿了，我希望你能够严格按照我的心愿行事。母亲不但关心和爱护你，并且很快随了你的心愿，我不希望你用抗命来让我伤心，这不仅对你毫无帮助，而且只会让一切变得更加糟糕。

在这种情况下，母子间发生了激烈的争执，他在日记中

这样提醒自己:"亲爱的,从今往后要记住一点:放聪明点儿。所有的人都是主观的,不仅不客观,而且彻头彻尾地主观……探究一下你的恋情、友情,仔细观察一下,对于一个不喜欢你的人,你是否能够不失偏颇地承认他的优点呢?如此种种。这时候你就该宽容大度,这是一种该死的义务。"后来母子俩只通过书信交流。多年以后,他对一位熟人说起了母子决裂之前的一次谈话。母亲一边读他的博士论文一边说:"这本书给药剂师看好像更合适。"他说:"当你的那些作品在废物间里都找不到一本的时候,我这本书还会有人看。"母亲说:"到那时候,你的这批书还在库房里堆着呢。"尽管如此,一位曾和他交谈过的人说:"我想我感受到了藏在他内心深处的剧痛,一回忆起他生命中那段可怕的岁月,这种痛苦似乎便随之袭来。尽管他的陈述很隐晦,但我还是看得清清楚楚,虽然他自己并没有完全意识到……他对母亲的敬意(甚至是一种爱慕)随处可见。"

接下来说说他的学习。他的学习经历可以被分为学商和学文两部分。9岁时在法国学了两年的法语和社交礼仪,之后在汉堡的一所私立学校学习与商业和商人有关的知识和行为规范。16岁跟随但泽商人学习最基本的商业知识。后来又在一个汉堡商人家做了两年学徒。19岁离开汉堡,在母亲的帮助下弃商从文,进入哥达的"卓越人文中学"学习。不久

青年叔本华

就因为给老师写讽刺诗受到责罚而前往魏玛,准备通过自学考取大学。21岁进入哥廷根大学学习自然科学,从第三个学期开始改学哲学。两年后为听费希特讲课去了柏林大学求学。25岁时因为拿破仑的军队就要兵临城下而离开柏林,在魏玛附近的一家乡间旅店里用了整整三个月的时间写完博士论文《充足理由律的四重根》,并就近在耶拿"缺席"申请博士学位,后被缺席授予了博士学位。

至于工作,可以说他一生从未正式工作过,因为父亲的遗产可以让他只为哲学而生活,不必为生计奔波。不过因为他的一次财务危机,也为了向黑格尔"叫板",他曾申请去柏林大学任教,并请求系主任在授课时间方面"最好与黑格尔先生的重点讲座安排在同一时间段"。结果显而易见,1820年的夏季学期一开始,一边是两百多个学生涌进黑格尔的课堂,另一边却只有区区5个学生聆听他的教诲。他在冬季学期开始前就不得不打道回府了,因为没几个人对他的课感兴趣,校方无法开课。另一方面,他的《作为意志和表象的世界》第一版印了800册,库存150册,也不知道卖出了多少册。出版商曾写信告诉他:"……以后我们彼此之间便不再有书信来往了,而且我将不再接受您的可能的来信,因为您在信中表现出来的粗鲁和缺乏教养,让人觉得您不是一位哲学家,而更像是一名车夫……我担心您的著作印出来只是一堆废纸,我只希望这个担心不会成为现实。"后来他想翻译出版几本名著,不过都被出版商拒绝了。1828年,40岁的他最后一次争取教席的尝试也失败了。

他也真实地生活过,有过快乐,追过女人,特别喜欢攀登高山,也会出外旅行,生活极有规律。从某种角度来说,他很会享受生活,甚至很懂养生。不过他的某些自律要求近乎严苛,也几乎没什么朋友。另外,他也和常人一样,有自己的烦恼,甚至可以说是小灾小难。

在追忆9岁时去法国学习的那段经历时,他曾说那两年是他的童年岁月中"最快乐的时光"。15岁时他故地重游，并在旅游日记中写道：

> 在此期间，我浮想联翩，回忆起城里、城外的那些地方，我当时在这里是如此的快乐。可我找不到一个可以向他倾诉这些的人，好像所有的一切只是我幻想出的图景。当然，在同样的地方还有着同样的景物，这真是一种非常奇妙的感觉。我简直无法相信，我真的又来到了勒阿弗尔，那些我离开后再也没有想起过的人和物以一种奇妙的方式重新回到了我的记忆中。这些景物、这些面孔，我都能一一辨认出来。没过多久我就觉得，自己似乎从来就没离开过。

他去过荷兰、英国、法国、瑞士、奥地利、佛罗伦萨、罗马、那不勒斯和威尼斯。1822年9月至1823年5月期间，他曾住在佛罗伦萨。1822年10月29日，他用一种少有的欢快笔调写信给友人：

> 又一次，在静止不动的空气中，深绿色的树冠纹丝不动，它的轮廓与湛蓝的天空之间的分界是如此明显，显得既深沉又忧郁；又一次，橄榄树、葡萄树、五针松、

柏树组成了一幅风景画，那些不计其数的小别墅仿佛在这幅画中游动；又一次，我来到了这座城市，它的砾石路面就像某种彩石镶嵌画……又一次，我每天都走在美妙的、到处矗立着雕塑的广场上。

他观看戏剧、歌剧演出，参观博物馆，还说"很久以来都没有感到过如此幸福"，"这是一段美好时光，日后和朋友在一起时我肯定会时常回想起这些日子"。

说到爱情，21 岁时他曾对魏玛的一位戏剧和歌剧明星痴迷不已，并写下了自己的第一首也是唯一的一首情诗："我的痛苦成为我的欢乐／你向窗外望去……帷幔掩住了太阳／我的命运被乌云遮挡。"他还说过这样的话："至于说到女人，我对她们保持友好的态度，可如果她们想要我就好了。"他晚年在法兰克福的一位谈友曾记述说："在佛罗伦萨期间，他与一位家境良好的女子定过婚，可当他听说那位女子有肺病之后便解除了婚约。"很多资料显示，这件事有点儿子虚乌有。不过的确有件实实在在的事，那就是他在德累斯顿期间曾和一位婢女有过一个女儿，可孩子刚出生不久就死了。

他还曾热恋过一位女演员，可她却和别人生了个儿子，胸部还时时阵痛。他既害怕情人可能身患某种疾病，又爱嫉

叔本华故居

妒;既害怕建立家庭之后失去自主,又怀疑她不是一个适合家庭的女人。他想同她一起离开柏林,可因为她想带孩子一起走,最终他还是一个人迁居法兰克福。可他直到临终前仍对她念念不忘,甚至在遗嘱中提到了她。

43 岁时,他曾向一个 17 岁的女孩求婚。在一次乘船外出郊游时,他送给女孩一串葡萄。这个女孩自述道:"可我不想要,因为叔本华这个讨厌的老家伙用手摸过了,于是我悄悄地把葡萄放在身后,顺手让葡萄滑落到水中。"

不过,在他成名之际,女人们开始喜欢他了。一位西里西亚的姑娘写了一首诗给他；在英吉利饭店里，他与几位女士畅谈过数小时。他对女士的看法也由此有了转变。他在一次谈话中说："对于女性，我还没有下最后的定论。我认为，如果一位女性能做到避开大众，或者能使自身升华，那么她就能不断地成长，并超过男性。"一位年轻的女雕塑家为了给他制作半身雕像，在他家住了四个星期。他对一位访客说："她整天都在我这儿工作，我吃完饭回来后，便和她一起喝咖啡。我们一起坐在沙发上，我觉得自己就像个结了婚的人。"

他喜欢登山，因为在高山之巅可以"心平气静、超然物外地注视"，"此时我们身上属于躯体世界的那部分会受到巨大的震撼"。在15岁跟随父母游历欧洲各地期间，他就有过三次登山经历。他还在某次山间漫步时写下了这样的感受：

> 哲学就是阿尔卑斯山脉中一条高峻的山路，只有一条崎岖的羊肠小径能够通向这条路，可是中间必须经过尖利的山石和刺人的荆棘才能抵达。这条小径孤孤单单，越往上走越显得荒凉。走这条路的人不应该有恐惧，他必须将一切抛在身后，在冰雪中放心地开辟自己的道路。他常常突然面临深渊，向下望去是绿色的山谷，眩晕感一个劲地把人往下拽。此时他必须稳住自己，要将自己的血抹在脚底，让脚粘在岩石上。这样他就能看到脚下

哲学就是阿尔卑斯山脉中一条高峻的山路……

的世界所发生的变化：沙漠和沼泽消失了，不平坦的地方变得平坦了，不和谐的声音无法渗透上来，世界展现出圆润的轮廓。而他本人则一直站在阿尔卑斯山上呼吸着纯净、凉爽的空气，此时他已经看到了太阳，而脚下的世界仍沉睡在黑夜之中。

他的生活习惯的确值得一提。他曾在哥廷根大学上过两年大学，期间形成了一直保持到晚年的作息规律：早上的时光用来从事高要求的脑力劳动，之后吹笛子让自己放松，然后就是午餐时间，接着去散步，晚上去剧院看戏，用晚餐。从1833年到1860年去世的27年里，他一直住在法兰克福。这期间他一直过着井然有序的生活，从来都没改变过。早上的三小时用于写作，之后吹一小时笛子，晚年几乎只吹罗西尼的曲子。之后出外用午餐，起先是"天鹅饭店"和"俄罗斯饭店"，后来固定在"英吉利饭店"。午餐时间拖得很长，饭后去俱乐部的阅览室读报，之后便是固定的散步时间，距离通常较长。他的步子很快，风雨无阻，不时自言自语地嘟囔着什么，对身边的行人看都不看，身边总跟着他的鬈毛狗。走到城边可以眺望远景的地方，他会驻足很久。在最初的几年里，他常常晚上出去看戏剧、歌剧演出和听音乐会，后来则待在家里读书，避免参加聚会，也不在这个时候接待来访者。

其他一些习惯还有：他要求银行在上门送利息时始终派同一个业务员；鞋匠必须严格按照他的规定和要求制作鞋子；写字台上的东西要摆放整齐，严苛程度无以复加，如果女管家斗胆打破这种局面，就一定要她好看；在墨水瓶下藏几枚金币，以备不时之需；所有藏书都按高8开本的规格装订；为某些重要文件找个藏身之所，比如把息票藏在旧书信和旧乐谱中；在私人笔记本上故意写上错误标题，以误导那些好事之徒奇的目光；通常会将没有事先预约的拜访者拒之门外；喝酒适量，从不让自己喝到走路摇晃。此外，对于他而言，去理发就像是在超越自我，因为说不定理发师会切断他的喉咙。还有，他爱护一尊佛像就像爱护自己的眼睛一样：有一次他差点儿把女管家扫地出门，只是因为她竟敢擅自为佛像除尘。

友情方面，9岁时去法国学习的那两年，他和主人的儿子成了好朋友，但从那以后，他们的来往并不多。在40年后的最后一次会面中，叔本华当着其他人的面，将这位曾帮他拥有最快乐时光的童年伙伴称作"一位令人难以忍受的老人"。在汉堡那所私立学校学习商业知识的四年里，他也没交什么朋友，只和两位同学有泛泛之交。在哥达和哥廷根学习期间倒是和一些人交往过，不过都谈不上是知心朋友。在母亲家中结识了歌德，可最初歌德并不喜欢他，也没有应母亲之邀为他写大学推荐信，后来才对他有所关注，但多少有些敬而远之。在德累斯顿完成《作为意志和表象的世界》的四年间，他只和一两个人有过近乎朋友的交往，多数时间都"……几乎是离群索居，生活相当单调"。有人曾对他经常光顾一家意大利饭馆的情景做过这样的描述：

> 他往往会凭借自己那种不加掩饰的直来直去扮演着一个让人讨厌的角色，他那尖刻无比的讽刺、挖苦就像是往咖啡里撒盐。他毫无忌惮、没遮没拦地抛出带刺的幽默，引用莎士比亚或歌德的作品中那些最恶毒的语句羞臊别人，说话时总跷着二郎腿坐在牌桌旁，于是对手们免不了会接二连三地出臭牌……大家对他都心存畏惧，但始终没有哪个人敢还以颜色。

对于缺乏朋友这一点，他是这么说的：

> 我没有朋友，因为没人配得上我的友谊……人们往往以某个人的朋友数量的多少作为衡量他的贡献和价值大小的佐证，这是一种最不了解人的做法，仿佛一个人是按照其自身的贡献和价值的大小来分送自己的友谊似

的！好像他们与小狗根本没什么区别，因为狗狗们只爱那些抚摸它们或给予它们吃食的人，除此之外什么也不烦！——那个善于抚摸它们（哪怕它们是最令人生厌的动物）的人一定会有很多朋友。

他也有烦恼。有的书把叔本华家族的财富说成富可敌国，这里要说的却是，但泽的一家银行曾于1819年5月停止向他们一家支付款项，那里存着母亲和妹妹的全部财产，还有他1/3的财产，他们一家面临彻底破产的危险。为此，母亲辞掉了佣人和厨子，还借了钱，妹妹甚至想去俄国当老师。后来凭借自己的智慧，他保住了自己那部分财产，但母亲和妹妹的财产却损失了3/4。

1821年8月12日，33岁的他在家中等待情人的光临，偏偏邻居女裁缝占据了应归他使用的前厅。在劝说她离开期间，他与这位女裁缝发生了肢体冲突。鉴于"轻微的，没有造成明显伤害的殴打行为"，最高法院判定他支付20塔勒罚金，可女裁缝并不满意，她要求他每年都要支付赡养费，还要承担康复疗养费。官司经过5年的诉讼才得到了终审判决。

1823年前后，他在秘不示人的随笔《写给自己》中写下了这样一段话：

> 如果我曾经感到不幸福，那么原因多半在于谬误，在于自己的糊涂。这人是一个当不成教授、没有听众、没有薪水的讲师，或者不是遭到这个市侩的诋毁就是被咖啡馆的女招待飞短流长，或者深陷伤害赔偿官司，又或者作为一往情深的情人遭到女孩的拒绝，或者疾病缠身不得不待在家中……一个病接一个病地向我袭来，将我困在这里整整一个冬天无法脱身。痿痹、痛风、伤寒接踵而来。整整一个冬天我都是在房间里度过的，受尽了苦。

这段话总结了叔本华多年来所遭受的挫折：申请大学教职无果；因与邻居女裁缝冲突而被起诉人身伤害罪；与合唱兼舞蹈演员生出了风流韵事并不欢而散；深受病痛折磨。另外，他之所以会申请柏林大学教职，主要是因为上面所说的那次家庭财务危机让他担心自己的生活来源。

这就是叔本华的性格、家庭、学习、工作和生活。在他一文不名的寻常人生即将结束之际，他终于出名了。人们要求拜访他，去英吉利饭店一睹他的风采；瓦格纳邀请他做客苏黎世，还将《尼伯龙根指环》的文本寄给他并题写了献词；有人四处搜寻《作为意志和表象的世界》的首版，还有人买了三套；有人在他曾经住过的房间的玻璃上搜索到了他当年

叔本华墓地

刻在上面的文字;有人每天都用新的花冠装饰他的画像;法兰克福人开始仿效他,纷纷购买鬈毛犬。而他却将自己的成名说成是一出喜剧:

> 在如今的盛名之下,连我都觉得自己很奇怪。您一定看过这样的场景:就像在演出之前,剧场里的灯暗下来,幕布徐徐拉起,可那位点灯人还站在舞台前忙着,于是他急忙跑向后台,就在这时,大幕拉开了。我觉得自己就这样登场了,一个迟到者,一个剩下的人,可我的成名喜剧才刚刚开幕。

1860年9月21日,72岁的他起得比平时稍晚。女管家打开窗户，随后离开。没过多久，医生来了。他靠在沙发角上，已经死了，面容安详，没有任何挣扎过的迹象。

关于他，特别是他的内心世界，还可以通过以下几段自述来了解，尤其是有关他的心事的那一段。

他在1832年的手稿中写道：

> 17岁那年……此时的我尚未经过系统、正规的教育……人生的苦难深深震撼了我的心灵，恰如释迦牟尼在青年时代洞见人世间的生老病死时所感到的震撼。从这个世界中传达出来的真理如此响亮明了，它随即战胜了同样对我影响颇深的犹太教学说，我由此得出的结论是，这个世界绝不可能是某个仁慈的主所创造的，或许它是魔鬼所造。魔鬼把自己所创造的生灵带到人世，为的就是欣赏他们所受的苦难，并以此为乐。

他曾在父亲去世25年后这样评价过母亲：

> 我知道女人是什么，她们把婚姻当作为自己提供吃穿的补给站。我的父亲久病不愈，十分可怜，整日坐在病椅上无法起身，他被独自撇在家中，身边连一个能恪

这个世界或许是魔鬼所造,魔鬼把自己所创造的生灵带到人世,为的就是欣赏他们所受的苦难,并以此为乐。——叔本华

尽职守地照顾他的老仆人都没有。当母亲举办沙龙时,父亲却沉浸在孤独中;当母亲欢娱享乐时,父亲却痛苦不堪,这就是女人的爱。

他还在一封信中公开指责母亲对父亲的自杀负有罪责。

他的处世哲学恐怕也与母亲的影响有关:

即使在社交场合也必须学会保持沉默,不要把自己的全部想法都告诉别人;对于别人说的话不要太认真,无论是在道德层面还是在智识方面,都不要对别人有太多指望；对于别人的观点要无动于衷，一定要保持心态平和；虽然身处其中，也不要完全沉浸中其中。只有这样，才不会对他人要求过多……采取折中方式，绝不与他人有什么实质性接触，始终采取某种"保持距离的姿态"（母亲的教导）。这样既不会受到别人的伤害，也不会遭人羞辱，同时还能够容忍别人。由此看来，社交就好比是火，聪明人在与之保持一定距离的情况下可以从中获得温暖，而傻瓜却会伸手去抓，在烧伤自己之后只能逃遁到寂寞寒冷之中，而且还会埋怨或伤人。

他在秘不示人的随笔《写给自己》中袒露了心事：

大自然做了一件多余的事，那就是将我的心灵隔离了出来。他同时赋予了我的心灵以猜疑、敏感、暴躁、自尊，这种高度的混合与哲学家的气质几乎无法协调一致。我从父亲那里继承了他的恐惧感，这正是我所诅咒的……并施展全部的意志与之抗争。这种恐惧不时向我汹涌袭来，哪怕是些微不足道的小事。有些不可想象的不幸仅仅可能发生而已，对我而言却历历在目。可怕的幻想更加剧了这种恐惧，进而发展到令人难以置信的程度。在我6岁那年的一天晚上，散步回来的父母发

女人把婚姻当作为自己提供吃穿的补给站。——叔本华

现我陷入了极度绝望之中,因为我固执地认为他们永远地将我抛弃了。青少年时代,我经常臆想自己得了什么病或与人发生了争斗,这种情形折磨着我。柏林求学期间,我在很长一段时间里都觉得自己身体羸弱。1813年战争爆发时,怕被强征入伍的恐惧一直纠缠着我。对天花的恐惧迫使我离开了那不勒斯,而离开柏林是因为霍乱。在维罗纳期间,我固执地认为自己吸入了有毒的鼻烟。准备离开曼海姆时,在并没有什么外在缘由的情况下,我却感到了某种说不出来的恐惧。柏林那起意外事件导致的官司困扰了我好些年,所以我害怕自己的财产受到损失,还害怕母亲对遗产的分配提出异议。如果夜里听到了什么声响,我就会立即从床上跳起来,去拿剑或拿枪,

我总会将枪膛里装满火药。即便没什么特别刺激我的事，我也总是小心翼翼，这份谨慎总是让我看见或促使我去寻找那些根本不存在的危险。正是这种恐惧，一点小小的不愉快都会被无限放大，这严重妨碍了我与别人交往。

对于任何事物的看法，中国人会说仁者见仁，智者见智；西方人会说一千个人心中有一千个哈姆雷特。对于以上有关叔本华的一切，读者们自然也有自己的评判。在我看来，这样的人生自然会生出这样的《人生的智慧》。这本书谈到了性格、健康、精神生活以及人性的弱点，谈到了如何管理好财富，还用最多的篇幅谈了骄傲和虚荣、荣誉和名声以及成名成家。在很大程度上，这本书就是叔本华的自画像，就是他的生活经历和人生感悟。他认为：

> 一个人是什么样的人，自身有什么，总而言之就是涵盖了一个人全部的人的个性，是决定一个人是否幸福安康的唯一的直接因素，其他的都是中间的、间接的因素，它们的作用可以被抵消和化解，但个性所起的作用却永远不会消失。
>
> 主体的福气，如高贵的气质、聪明的头脑、愉悦的性情、愉快的心情以及健康完美的体格，一句话，活在

健康身体里的健全头脑是决定一个人幸福与否的首要的、最重要的因素。

人生中的福祸很少取决于降临到我们头上的东西,更多取决于我们对待这些东西的方式,就是说,取决于我们总体感受力的类别和强弱程度。

无论我们身在何方,我们还是要从自己身上寻找或获得自己的幸福。

如果他们只拥有自己,他们就不会为失去其他东西而沮丧。

我的哲学从未带给我多少收入,但却让我省下了不少。

心灵的富足才是唯一真正的财富,其他所有财富所带来的灾祸甚至多于财富本身。

如果一个人从来没想过要某样东西,他也就永远不会觉得他没有这样东西,没有它他也一样高兴。另一个可能拥有百倍之多东西的人,却只是因为缺了一样东西就会闷闷不乐。所以,富人的巨额财富并不会搅乱穷人的心,反过来,所有的财富也不能安慰富人的失望。当不幸落到我们头上时,降低自己的要求却恰恰是最痛苦的事。可一旦我们这么做了,痛苦就是越来越少,最后会一点都没有，就像痊愈了的旧伤疤。相反，如果我们交了好运，我们的要求就会越来越多，因为什么也控制不了它们，这种膨胀感让人欣喜若狂，但却持续不了多久。膨胀结束了，兴奋也就终止了。我们已经习惯了增加要求，因而也就不会去关心可以让我们感到满足的财富数量了。

如果一个人有一笔足够维持闲居生活的钱，就应该把这笔钱当做抵御可能遇到的灾祸和不幸的屏障，而不应借此纵情欢乐，或认为就应该这么花。

我没有将妻子和孩子算在一个人所拥有的东西里，因为他反倒是她们的所有物。将朋友归在一个人的所有物下要容易些，但朋友对于他的意义并不比他对于朋友的意义多多少。

人性中一个很特别的弱点是，人们通常会对别人对自己的看法想得过多，尽管这种看法微乎其微的作用说明，无论它是什么，都不能决定我们的幸福。所以，真的很难理解，为什么在听到别人对他的好评或说些让他的虚荣心感到满足的奉承话时，每个人都会乐不可支。

当知道了大多数人的想法是多么肤浅和微不足道思想是多么狭隘、情操是多么卑贱、观点是多么冥顽不化，

辉煌的名声殿堂就在那高处闪耀,想爬上去何等之难。

以及其中的大多数范有多少错误时；当我们亲眼见到一个人在不用害怕周围的人，或认为他所说的一切不会传到对方耳中时是如何贬低他们的，我们就真的能够不在乎别人的看法了。

当我们看到，几乎所有的人倾尽一生，不惜任何代价，千辛万苦想要得到的东西，归根到底不过是让别人对自己刮目相看时；当我们看到，不仅职务、头衔和勋章，就连财富乃至知识和艺术，都只是用来实现让别人更尊重自己这个最终目标的时候，难道还不能从这种可悲中看到人类有多愚蠢吗？

可以把这种对别人的态度的在意看成是一种每个人都会遗传上的、具有普遍性的狂躁症。不管做什么事，我们首先想到的几乎都是别人会怎么说，生活中将近一半的烦恼和不安也都是这个引起的焦虑。说到底，这种焦虑就是妄自尊大的情感，而过于病态的敏感常常让它受伤。让我们虚荣、做作、炫耀和吹牛的，正是对别人会说什么的担心和焦虑，没了这种焦虑，奢侈、排场就会荡然无存。任何形式的骄傲和自豪，无论它们的种类或范围多么不同，归根到底只不过是这种担心别人会说什么的焦虑，它让人付出了多少东西啊！

幸福的根本要素是健康，其次是不用别人照顾就能让自己独立和自由的能力。作为处在一端的这些根本要素，与作为处在另一端的荣誉、浮华、地位和名声之间，它们没有竞争或互补关系，无论我们会多么看重后者。

如果人们坚持认为荣誉比生命还珍贵，其实就等于在说，与别人的看法相比，自己的存在与安康是不值一提的。

荣誉本身没有真正的直接价值，只有间接价值。如果人们都能改变这种普遍的愚蠢做法，就能得到现在看来不可想象的内心的平和以及精神的愉悦，就能更坚定、更自信地面对世界，少些难堪与克制。

只有哲学这把长扫帚才能将世间的道德和精神领域中的污秽、肮脏扫走。

只有卓尔不群的、特殊的价值所生成的坚实可靠的无法撼动的说服力，才能让一个人拥有真正意义上的骄傲。

真正的过人之处完全来自个人的天性，它们不会像勋章和头衔那样每时每刻都能被人看到或听到。

可以通过两条路来获得名声：要想走行动这条路，就要有颗伟大的心；要想走作品这条路，就要有个智慧的脑。每条路都有自己特有的优势与劣势，它们之间的主要区别是，行动是转瞬即逝的，作品却可以永存。由于行动绝不会非常高尚，所以其影响都很短暂，而天才的作品却总能影响人们，它会让人终身受益、一生高尚。行动留下的都是记忆，这些记忆会随着时间的流逝而变得模糊不清、无关紧要，直至最终完全消失，除非历史把它们记录下来，并把这块化石传给后人。作品本身就是不朽的，人一旦决定投身于写作，就可能永生。

一个人越是属于整个人类，就越是与他同时代的人格格不入。

一般来说，人类思想的最高成就最初都是不被人接受的，它们一直默默无闻，直到引起智者的注意。在智者的影响下，它们得到了应有的地位，然后凭借着赋予它们的权威而长存。

带给人幸福的不是名声，而是给他带来名声的东西，是他的功绩，更准确地说，是让他做出了功绩的性情和能力，无论它们是道德方面的还是心智方面的。

即使每个人最终都能见到自己真正的名声,那也很难在他年老之前见到。

……

这其中难免有孤芳自赏的自我辩白和自我激励,甚至还流露着顾影自怜的几丝悲凉、几许惆怅。但更多的还是他因为自尊而隐匿在文中的深刻的自我剖析和感悟,以及由此而来的坚定与自信、清醒与睿智。这就是他,叔本华,有着坚毅、冷峻甚至愤怒的面容,内心却敬畏父亲、渴望母爱;在性格和心智上,甚至还有生活习惯,不仅遗传自父母,而且深受其影响;过着普普通通的平淡生活,也有所有人都有的缺点和烦恼;即使无人喝彩,依旧我行我素,但始终不能泰然处之;一生默默无闻,最终名扬天下、如愿以偿。无论如何,他对真理的执着探究让我敬佩,他对人性和人生的深刻认识让我叹服。我相信,他的人生智慧可以帮助我更好地生活,也希望读者们可以从中受益。

刘 勃

英国阿斯顿商学院博士

2012 年 12 月 6 日

前　言

在这本书里，我要说说一般意义上的人生的智慧，也就是可以让我们得到最多快乐、获得最大成功的生活安排艺术。这是一门可以被称为幸福论的艺术，因为它能教我们如何幸福地生存下去。站在纯客观的角度上，确切地说，在进行了冷静、缜密的思考之后（因为这个问题必然涉及主观因素），这种生存可能是一种自己宁肯不生存的生存。这意味着我们应该为了生存本身——而不仅仅是因为怕死——而坚持生存下去，而且我们永远都不愿意看到它的尽头。

如今，人生有没有可能符合这个有关生存的理念成了一个问题，而众所周知的是，我的哲学体系对这个问题的回答是否定的。可是根据有关幸福的假设，对这个问题的回答则一定是肯定的。我在我主要著作[①]的第二部第四十九章中已经指出了，这个假设建立在一个具有根本性错误的基础上。因

---

① 指《作为意志和表象的世界》。——译注（除非特殊说明，本书页下注均为译注）

此，为了详细阐述我的幸福生存论，我已经完全放弃了我的理论所引发出的更高的形而上的和伦理的观点。在此将要说的一切会带有某种程度的妥协，也就是说，我会从日常的一般角度出发，还会接受其中的根本性错误。因此，我的言论的价值是有限制性的，因为幸福论这个特定的词是一种委婉的说法。另外，我并不主张要说得彻彻底底，部分是因为这个主题无法穷尽，还有一个原因是，如果想说得彻彻底底，我就不得不重复别人已经说过的话。

我能想起的唯一一本和我这本箴言集相似的书，就是卡尔达诺①的《论逆境》。这本书很值得一读，也可以作为我这本书的补充读物。事实上，亚里士多德在他的第一本《修辞学》第五章中也说过几句有关幸福论的话，但他并没有说出很多东西。由于编辑不是我的工作，所以这些前人的东西对我没什么用，更为特别的一个原因是，在编辑的过程中会遗失个性化观点，而个性化的观点却是这类著作的核心。当然，一般来说，各个时期的智者总是说同样的话，而构成各个时期的愚人们中的绝大多数也是相似的。他们的表现正好相反，以后也是这样。正如伏尔泰所说："我们终将离开这个世界，在这个世界，愚蠢和邪恶同我们来时所发现的一样多。"

---

① 意大利文艺复兴时期百科全书式学者，主要成就在数学、物理、医学方面。

第1章
主题的划分

当听说有个人经历过很有趣的事时，很多人都希望自己也能碰到类似的事情，完全忘了他们应该羡慕的是这个人在讲述这些事情时能够赋予它们重大意义的精神能力。

亚里士多德把人生之福分为三种，分别是：身外之物带来的福、心灵带来的福和肉体带来的福。除了"三"这个数字之外，我一点儿都不认同这种划分。据我观察，可以从三个不同的方面来看人与人之间的根本不同：

（1）一个人是个什么样的人，即广义上的个性①如何，包括健康、精力、外貌、气质、道德感、智力及受教育方面的情况。

（2）一个人有什么东西，即他拥有什么财产、有什么东西。

（3）一个人在别人眼里是什么样子，正如大家所知，即他的同胞们是怎么看他的，或者更严格地说，他们把他看成是什么样的人，从他们对他的看法中就可以知道，而反过来，他们的看法又会被他所拥有的荣誉、地位和声望所证实。

人与人之间的首要差别是大自然定下来的。单从这个事实我们也许会立即推断，大自然对人类的幸福或不幸的影响，比后两个方面包含的因素所带来的影响要关键得多、根本得多，因为它们只是人为安排的结果。真正的个人优势，如伟

---

① 指个人品性。

同样的世界在不同人的眼里是如此的不同。

大的头脑和伟大的心灵，与所有来自地位、出身乃至王公贵族才拥有的特权之间的比较，就像现实中的国王和舞台上的国王之间的比较一样。伊壁鸠鲁的第一个门徒麦特罗多洛在很久以前就说过一句话，这也是其著作的主题之一，他说："我们从自身得到的幸福要多于我们从身外之物得到的幸福。"这是明摆着的毋庸置疑的事实，也就是说一个人的福祉主要是由造就他的那些因素（也就是他的内在素质）构成的。它们直接决定他的内心是满足还是不满足，这是感觉、欲望和思维的一种产物；作为另一方面的身外之物则只能间接地影响他。这也是为什么相同的外部事物或环境对每个人的影响会绝不相同。即便所处的环境非常相似，每个人还是会活在自己的世界里，这是因为一个人只能对自己的想法、感觉和判断做到迅速领悟，只有当外部世界能够引发他自己的想法、感觉和判断时，外部世界才能对他产生影响。一个人所生活着的世界主要是靠他看待它的方式来自我塑造的，所以这个世界在不同人的眼里是不一样的。对一些人来说，它是无趣、沉闷和肤浅的；对另一些人来说，则是多彩、有趣和很有意义的。当听说有个人经历过很有趣的事时，很多人都希望自己也能碰到类似的事，完全忘了他们应该羡慕的是这个人在讲述这些事情时能够赋予它们重大意义的精神能力。对于天资聪颖的人来说，这些都是有意思的冒险活动；对于

快乐更多地来自一个人内在的东西。

没什么感知力的普通人来说，这只不过是没什么新鲜的平常事。歌德和拜伦的很多诗里就有这种最高端的例子，这些诗显然取材于真实事件。愚笨的读者只会羡慕诗人所经历的令人愉快的事，而不会去羡慕他们可以"化腐朽为神奇"的巨大想象力。

同样，忧郁者眼中的悲剧在乐天派看来只不过是有意思的冲突，而麻木不仁者则认为这些都毫无意义。这一切都说明，要想让人认识、领悟一件事，必须让两个因素——主体和客体——相互合作，尽管它们就像水中的氢和氧一样关系紧密、缺一不可。当一种经历中的客体或外因根本没变，但主体或个人对它的评价变了时，这个事件也就在不同人的眼中变成了不同的事件，好像客体也变得不同了。所以，对一个大脑迟钝的人来说，世上最美、最好的事物带来的也只是丑陋的现实，他只会贬低它们，把它们看成是天气阴沉时的美丽风景或糟糕的相机中的美丽图像。说得直白一点，每个人都受制于自己的意识，他是不可能直接越过自我意识的界限的，就像他不能跨出自己的皮囊一样。所以对他来说，外在的东西并没有多大用处。在舞台上，一个人是国王，另一个人是大臣，第三个人是仆人或士兵，或者就是一个普普通通的人，等等。这仅仅是外表的不同，而内在的真实情况，也就是所有这些表象的内核，其实都是一样的：他们都是焦

最高级、最多彩、最持久的快乐是精神上的快乐。——叔本华

虑的穷戏子。现实生活也是如此。不同的财富和地位决定着每个人所扮演的角色，但这绝不意味着他们内心的幸福与快乐也是不同的。这里也是一样，他们都是有着痛苦和烦恼的可怜虫。尽管让每个人不快乐的原因的确各不相同，但从本质上讲却是一样的。这些原因在形式上的确存在着差异，但却绝不与他不得不扮演的角色、与有没有地位和财富相吻合。对每个人来说，所有的事只存在于或发生在他的意识里，所以，意识的构造问题才是每个人最应关心的根本问题，在大多数情况下比构成意识内容的环境要重要得多。与在悲苦的狱中写下了《堂吉诃德》的塞万提斯的想象力相比，在傻瓜的迟钝意识中，世间所有的骄傲与快乐什么都不是。人生中的客体部分和现实情况是由命运决定的，因此就会因时因地

地发生各种变化。主体部分则是我们自己，从本质上说，这个部分永远都不会变。

所以，在人的一生中，不管外部环境发生了多大变化，人的个性始终都不会变，就像一连串的变奏始终围绕着一个主旋律一样，没人能摆脱自己的个性。无论被放置在何种环境中，动物始终待在大自然为它设下的无法改变的狭窄范围内。所以，我们为了让自己的宠物快活所做的努力，永远都不要超出它们的本性的范围，并且要控制在它们能感觉到的范围之内。人也是一样。一个人能得到多少快乐早就由他的个性决定了，特别是一个人的精神力量，它决定了一个人能获得更高级的快乐的能力。如果这种力量不强，那么任何外在的努力、任何人或者任何运气都不能让他超越平淡无奇，带有动物性质的快乐范畴。他有的只是感官上的享受，最多也就是安逸、愉快的家庭生活，还有就是素质不高的人所做的低俗的娱乐消遣活动。总的来说，即使教育能在提高他的境界的问题上起作用，所起的作用也是不大的。无论我们的青春让我们受到了多大的蒙蔽，最高级、最多彩、最持久的快乐还是精神上的快乐，这种快乐主要会变为精神力量。所以很显然，我们快乐与否在很大程度上取决于我们是什么样的人，取决于我们的个性，而一般来说，运气或命运只意味着我们所拥有的身外之物或者我们的声望。从这一点来说，

傻瓜就是傻瓜，即使他一直被天堂里的美女簇拥着，他也始终是个笨蛋。——叔本华

命运可能会改变什么，但如果我们内心丰富的话，我们就不用过多地借助命运了。另一方面，傻瓜就是傻瓜，即便他一直被天堂里的美女簇拥着，他也始终是个笨蛋。所以歌德会说：无论地位高低，每个人都用自己证明了，个性才是让人幸福、快乐的最重要的因素。

从"饥饿是最好的作料，青年人和老年人过不到一块儿"一类的格言、警句到天才和圣人们的生活，这一切都说明，生命中的主体部分对于我们的幸福和快乐的重要性是客体部分无法相比的。健康之福比其他任何福气大得多，所以有人可能真的会说健康的乞丐要比有病的国王幸福。安静、愉快的性情，可以享受到十分健康的体魄所带来的快乐，头脑清晰，思维活跃，能够洞察一切，适度、温和的个人意愿，以及由此而产生的美好良知,这些恩惠都是地位或财富弥补不了、代替不了的。这是因为,一个人内在的、他独处时陪伴他的、没人能给予或夺走的东西,显然比任何他占有的东西或他在别人眼中的样子更重要。有文化的人在离群索居时能够沉醉在自己的思想和异想天开之中,而对于一个笨蛋来说,社交、看戏、出游和娱乐消遣活动不论多么丰富多彩,都不能让他摆脱无聊。即使一贫如洗,心地善良、性情温和的人也一样能快乐;即便富甲天下,生性贪婪、嫉妒且心怀恶意的人还是会痛苦不堪。在一个总能因为自己的特殊个性而快乐且心智很高的人看来,普通人所寻求的大部分乐趣都是多余的,甚至是一种麻烦和负担。所以贺拉斯①说,不管有多少人离了贵重物品就活不了,至少还有一个人,就是他自己,是可以没有这些东西的。当看到各种在售的奢侈品时,苏格拉底惊叫道:"我这才知道世上有多少我不需要的东西!"

所以说,对我们的幸福生活而言,首要的也即最根本的要素,乃是我们是什么样的人,也就是我们的个性如何。在没有其他因素的情况下,它会在各种情况下不断地发挥作用。另外,这种福不像其他两种福,它不是命运的玩物,也不会被什么东西从我们身上夺走,而且与仅具有相对价值的其他

---

① 古罗马抒情诗人。

即使一贫如洗,心地善良、性情温和的人也一样能快乐。
——叔本华

两种福相比,这种福一直都具有绝对价值。正因为如此,想通过外在的东西去控制或影响一个人,比人们普遍认为的要难得多。于是威力无边的时间出现了并会主张自己的权力。在时间的影响下,肉体和精神方面的优势逐渐被消耗殆尽,只有道德品格不受时间的影响。从时间的破坏性角度看,时间无法直接从我们身上夺去的其他两种福好像的确优于第一种福。另一个可能也属于它们的、存在于其客体的和外在的本质中的优势是它们既可望又可及,至少每个人都有占有它们的可能性。而属于主体的东西却不是供我们占有的,只有借助一种神授的权力才能接近它。它留在你的生命里,永远不变,不能让与,不可剥夺,是命里注定的东西。在这里我引用歌德的几句话:每个人的命运都是与生俱来、不可更改的，所以他只能按照自己的命运的轨迹向前走，就这样一直走下去。女巫和先知们断言他永远逃不掉，即使时间的威力也无法改变命中注定的人生之路。

我们唯一可以做的就是尽可能充分利用我们所拥有的个人素质，只根据自己的个性去发展，去追求自己的个性所能接受的一种完美，不做个性不允许的事，这样去选择最适合个性发展的身份地位、职业和生活方式。

假如一个天生力大无比的人，却为环境所迫而不得不从事琐碎、精细且需要坐着干之类的工作，或者非得去从事学习之类的脑力劳动，而从事这些工作所需要的优势恰恰是他没有的，也就是说他的强壮无比这一优势并没有派上用场，那他一生都不会快乐的。另一种情形会更可悲：大批智力超群的人没办法发挥自己的智慧，不得不从事不需要什么智慧的工作，他们那点力气可能还干不了某些体力活。我们应该重视这种情况，特别是年轻人中的这种情况，以避免出现这种情况，另外也不要把自己所没有的优势归到自己身上。

由于第一种福确实比另外两种福重要，所以保持身体健康、培养我们的能力显然比累积财富更明智，但一定不能错误地理解为我们应该忽视获取足够的生活必需品的问题。严格地说，过多的财富对我们的幸福并没有太大的帮助。很多

苏格拉底惊叫道:"我这才知道世上有多少我不需要的东西!"

富人之所以会不快乐，就是因为他们没有任何真正的精神层面的文化或知识，这样他们就会因为不具备客体优势而无法从事需要文化的职业。说得恰当一点，我们能占为己有的任何财富，除了能满足一些实实在在的、自然而然的需要之外，并不能给我们带来多少幸福、快乐。实际上，财富会极大地干扰我们的幸福，因为为了保护我们的财产，劳心费神是一定免不了的。尽管有一点已经很明确，即人的自身对其幸福所做的贡献要远大于他拥有的东西所做的贡献，但人们希望自己富有的意愿要比希望自己有文化的意愿强烈千百倍，所以你才会看到很多人像蚂蚁一样从早到晚不停地操劳，为的是让自己的财富再多一点。他们对这种狭隘境界以外的事一无所知，大脑一般空白，所以察觉不到任何其他东西。最高境界的快乐，也就是精神上的心智的快乐，是他们无法企及的，所以他们会徒劳无益地努力用他们沉溺于其中的转瞬即逝的快乐感取而代之，这种快乐感很快就会消失，但低价却是巨大的。如果他够运气的话，他的努力会让他得到一笔的确可观的财富，他会把它们留给后人，让它们变得更多，或把它们挥霍一空。虽然这样的人生好像很认真、很重要，但也和很多其他的愚蠢人生一样愚不可及。

所以说，人内在的东西是决定其幸福与否的首要因素。正因为一般来说人内在的东西非常少，所以大部分已摆脱贫

> 人们希望自己富有的意愿要比希望自己有文化的意愿强烈千百倍。——叔本华

困的人,从本质上讲还是和仍旧贫困的人一样不快乐。他们的脑袋里一片空白,没什么想象力,精神极为匮乏,所以他们才会和他们那样的人凑在一起,因为物以类聚、人以群分。他们一起消遣、娱乐,其中绝大部分都是感官上的乐趣和消遣,纵情声色之后也就结束了。家境富裕的年轻人往往是带着大笔的遗产步入人生的,并且常常会穷奢极欲地在极短的时间内就将这笔钱花得一干二净。这里也一样,只不过因为他们没有思想,脑袋空空如也,所以才会觉得活着没意思。他来到的是一个外表富有、内心贫乏的世界,他会徒劳地努力用外在的富有弥补内在的贫穷,就像一个试图让自己像大

卫王和马雷查尔·德·里克斯那样变得力大无比的老人,想得到一切外在的东西。到最后,内在一无所有的人,其外在也一无所有了。

我用不着总是强调其他两种让人生幸福、快乐的福气的重要性。现如今,知道拥有这些东西的重要性的人已经太多了,用不着再广而告之了。与第二种福气相比,第三种福气的确非常虚无缥缈,因为它全是由别人的意见构成的。可所有的人还是会为名誉——就是说会为得到一个好名声——而奋斗。另一方面,地位这东西只是为国效力的人应该渴求的东西,名声也的确应该只是极少数人应该向往的东西。可是不管怎样,人们将名誉当做无价之宝,把名声看成是一个人所能得到的全部福气中最宝贵的一种,就像希腊神话中的英雄找到的金羊毛。与此同时,只有傻瓜才会宁要地位不要财产。另外,第二种福气和第三种福气互为因果。因此,就像佩特罗尼乌斯[①]说的那样:我们的财产的确能为我们带来好名声;反过来,别人对我们的各式各样的好评通常都会帮我们得到我们想要的东西。

---

① 古罗马作家。

第 2 章

个性,或者说一个人是什么样的人*

---

* 在有关可以让人获得幸福的个人素质所做的评论方面,我主要关注的是人在物质和精神方面的本性。有关道德对幸福所产生的直接和间接影响的问题,请参见我的获奖论文《论道德的基础》。——原注

一个人是什么样的人,自身有什么,是决定一个人是否幸福安康的唯一的直接因素。

总的来说，我们已经知道，一个人是什么样的人给他带来的幸福，要比一个人有什么东西或别人是怎么看他的给他带来的幸福多得多。一个人是什么样的人，也就是自己本身有什么，才是应该考虑的头等大事，因为他的个性总是伴随着他，无时无刻，如影随形，使得他所有的经历都带有个人色彩。比方说，无论去享受哪一种快乐，其中的乐趣都主要取决于享受者自己。每个人都承认身体方面的享受的确如此，那么精神方面的享受岂不更是如此？当我们使用英文短语"玩得开心点"时，我们其实是在使用一个非常贴切的短语。看看吧，人们不会说"他享受了巴黎"，而会说"他在巴黎玩得很开心"。对于一个性格不好的人来说，所有的快乐都像是被倒进了嘴里从而会把胆汁弄得苦涩不堪的美酒一样。所以说，人生中的福祸很少取决于降临到我们头上的东西，更多取决于我们对待这些东西的方式，也就是说，取决于我们总体感受力的类别和强弱程度。一个人是什么样的人，自身有什么，总而言之就是那涵盖了一个人全部的人的个性，是决定一个人是否幸福、安康的唯一的直接因素，其他的都是中间的、间接的因素，它们的作用可以被抵消和化解，但个性所起的作用却永远都不会。所以才会说嫉妒心是所有的个人品行中最不容易减少的，也是被隐藏得最仔细、最巧妙的品行。

活在健康的身体里的健全头脑是决定一个人幸福与否的首要的、最重要的因素。——叔本华

进一步说，在我们所做的或遇到的每件事中，都包含着我们的意识构造这一要素，它永远都不会变。在我们的一生中，我们的个性几乎每时每刻都在发挥作用，而所有其他的作用都是暂时的、偶然的、转瞬即逝的，并且是依各种机遇和变化而定的。所以亚里士多德才会说：永远不变的是我们的性格，而不是财富。

正因为如此，所以我们才更容易忍受完全由外界带给我们的不幸，却不容易忍受我们自身引发的不幸，因为运气总会改变的，而性格却不会。因此，主体的福气，如高贵的气质、聪明的头脑、愉快的心情、健康完美的体格，一句话，活在健康的身体里的健全头脑是决定一个人幸福与否的首要的、最重要的因素。所以，我们应该更愿意增强并保持住这些品行才对，而不是更愿意占有外在的财富和荣誉。

在所有这些品行中，最能直接带给我们幸福和快乐的是亲切、宜人的好心情。这种好品质本身就是对自己的直接回报。一个快乐的人总有理由让自己做一个快乐的人，因为他就是快乐的人。这类品质可以完全弥补没有任何其他福气的缺憾。如果你认识一个年轻、英俊、富有且受人尊敬的人，想进一步知道他是否快乐、幸福，那就想想他是不是一个愉快、友好的人。如果他是，那他年轻还是年老、是不是驼背、

亚里士多德说得对,"生命在于运动"。

贫穷还是富有又有什么关系呢？反正他是快乐、幸福的。年轻时我曾在一本老书中看到这样一句话：如果你总是笑，你就是快乐的；如果你总是哭，你就是不快乐的。毫无疑问，这句话极为简单，但正因为它简单，甚至是最老套的一句话，我才永远忘不了它。所以如果快乐来敲门，我们就应该敞开大门，因为快乐来的总是时候。可我们往往不这么做，我们总是在考虑是否让它们进来。我们希望确切地知道自己是否有足够的理由去满足，于是就会担心愉快的心情可能会干扰我们严肃的自省或深谋远虑。愉快是幸福的直接产物，也是即刻生成的产物，就像真金白银一样，其他东西则不过是需要到银行兑现的支票，因为靠它自己就可以让我们立刻高兴起来。它是我们人类最高的福祉，并以极微小的瞬间的形式永远存在着。所以，应该把留住并加强这种愉快的感觉作为我们追求幸福想要达到的至高无上的目标。

现在可以确定，财富带来的愉快少之又少，而健康带来的愉快却数不胜数。我们所见到的高兴而满足的人，难道不是在底层社会所谓的劳动阶级，特别是住在农村的那些人中吗？我们看到的暴躁易怒的人难道不是在富裕的上流社会中吗？因此，我们应该尽可能地让我们的身体非常健康，因为愉快恰恰是健康开出的花朵。为了保持身体健康我们必须做什么这个问题我几乎用不着说什么了，应避免任何过度行为、任何强烈的不愉快的情绪、任何的精神过度紧张，每天都应该在户外做运动、洗冷水浴并安排其他有利于健康的活动。这是因为，如果每天不进行适量的锻炼，我们是不能保持健康的。生命中的所有过程都需要运动，这样才能让所有的功能正常运转。运动针对的不仅是某个部位，而且是整个身体。亚里士多德说得很对：生命在于运动，这句话说到根上了。人体器官的每个部分总是在不停地快速运动着。心脏通过其复杂的双重收缩运动，有力地、不知疲倦地跳动着，它每跳动 28 下，全身的血液就会经动脉、静脉和毛细血管流动一次；肺部就像一抽一吸的蒸汽机，它从不休息；大肠总是在蠕动；腺体始终在吸收和分泌；就连大脑也会随着每一次脉搏的跳动和我们的每一次呼吸做着自己的双重运动。如果人一点儿运动都不做，就像无数被指责为坐着生活的人那样，那么外部的静止和内部的运动之间就会严重失衡，这是极其危险的，因为永不停歇的内部运动需要一些外部的对应物来配合进行，如果没有，那就像是在做我们不得不去抑制的运动。连树木都必须让风去晃动它，如果它们想枝繁叶茂的话。或许可以用最简洁的拉丁文来表述这一规则：速度越快，动得越厉害。

幸福和快乐的程度取决于我们的心情，而心情又取决于我们的健康状况。这可以通过以下对比了解到，即相同的外部环境或事件对健康而强壮时的我们所产生的影响，相较于对受到病痛折磨时的我们所产生的影响。让我们感到幸福快乐或者不幸福不快乐的不是那些客观的、在于它们本身的事情，而是它们对于我们意味着什么，也就是我们看待它们的方式。爱比克泰德[①]说过：影响人的不是事物，而是人对事物的看法。一般来说，90%的幸福是由我们的健康状况决定的。如果身体健康，所有的事都能让你高兴；如果不健康，健康以外的任何其他事都不能让你高兴。即便是其他的福气，聪明的大脑或愉悦的性情，也会因为没有了健康而黯然失色。所以，当两个人见面时，真的是太有理由首先问问彼此的健康状况并表达一下自己的良好祝愿了，因为迄今为止，身体健康是决定人类幸福的最重要的因素。由此可见，最愚蠢的事是为了得到其他快乐而牺牲健康，不管是为了财富或升迁，还是为了学问或名声，更不用说为了短暂的感官享受了。任何其他事都应该排在健康后面。

但是，无论健康能为愉快的心情——决定我们幸福的基本要素——做出多大贡献，这种好心情却并不完全取决于健康，因为身体十分健康的人也是会性格忧郁、心情沮丧的。导致这种情况的根本原因无疑出自天生的因而是不可改变的

---

① 古罗马新斯多葛派哲学家。

亚里士多德说过,所有的天才都是忧郁的。——叔本华

生理构造方面,特别是一个人的敏感程度与其肌肉强健程度和肌体能量多少之间的关系是否正常。敏感程度不正常会导致心绪不宁,主要是心情抑郁,还会有周期性的过度兴奋。天才都是神经过于兴奋或过于敏感的人。亚里士多德说得很正确:所有哲学、政治、诗歌或艺术方面的杰出人物都像是气质忧郁的人。西塞罗在说"亚里士多德说过,所有的天才都是忧郁的"这句话时,就像他通常所做的那样,脑子里想的一定是这段话。莎士比亚在《威尼斯商人》中的几行字极为巧妙地表述了人类与生俱来的天生的性格多样化:

老天造就了各种奇怪的人:

有的人老是眯着眼睛笑,就像鹦鹉见了吹风笛的人;

有的人终日皱着眉头；

即使内斯特①发誓说那笑话很可笑，他也不肯露齿笑一笑。

柏拉图指出了随和的人和不随和的人之间的区别，不同的人对高兴和不高兴的事的敏感程度不同可以证实这一点，所以让一个人笑的事也可以让另一个人哭。一般来说，对不高兴的事越敏感，对高兴的事就越不敏感；反之亦然。如果一件事变好或变坏的可能性一样大，那么不随和的人面对不顺利时就会恼怒、沮丧，即便遇到了应该高兴的事也不会高兴；另一方面，随和的人在事情不顺利时既不会担心也不会发愁，在事情很顺利时则会很高兴。对于不随和的人来说，即使十件事中成了九件他也不会高兴，他会为那一件不成的事烦恼不已；而对于随和的人来说，即使只有一件事成了，他也会想法子安慰自己并保持愉快的心情。不过，这也证明了另一个真理，即几乎所有的坏事都有其好的方面，因为对于忧郁、焦虑的郁闷型人来说，需要他去面对的不幸和痛苦基本上是想象的多过实际的，所以实际上，这些不幸和痛苦比乐观的、无忧无虑的人的不幸和痛苦要少。这是因为，一个把一切都看得漆黑一片、总是担心出现最坏情况并采取相应措施的人，在这个世界上是不会经常失望的，就像总是看

---

① 希腊神话中特洛伊战争时希腊的贤明长者。

到好的一面的人一样。当神经质的病态情感或消化系统紊乱与天生的抑郁倾向凑到一起时，就会使这种倾向达到极致，人就会因为永远都不快乐而厌倦生活，由此还会产生自杀倾向，哪怕一点点的不高兴也会真的让他自杀。不仅如此，当一个人的自杀倾向达到极致时，什么特别的事也没有就可以让他自杀，仅仅因为他总不快乐就可以让他决定结束自己的生命，然后他会沉着而坚定地执行自己的决定。来看看这种人，当他们处于通常都会有的监视之下时，总想逮住一个没人看管的机会自杀，此时的他没有一丝畏惧、纠结或退缩，他会用自然的、自己欣然接受的方式解脱自己（有关这种思想动态的详细描述，请参见埃斯基罗尔的《精神疾病》一书）。即使最健康的人，也许还有最快乐的人，都可能在某种情形下决定去死，比如当他痛苦时，或他对某种不可避免的不幸的恐惧感大到超过了对死亡的恐惧时，就会这样。唯一的区别在于足以让他们采取致命行为的痛苦程度：快乐的人痛苦大，抑郁的人痛苦小。人越是抑郁，所需的足以让他自杀的痛苦程度就越小。到最后，可能在没有任何痛苦的情况下他们也会自杀。而如果一个人很快乐，健康的身体又给他带来了好心情，那么只有当痛苦非常大时才能让他自己结果自己。在两个自杀极端之间有无数个衡量自杀的尺度，这两个自杀极端就是：只是因为天生抑郁情绪的不断加剧而导致的自杀，以及健康、快乐的人完全因为客观原因而结束自己生命的自杀。

美貌在某种程度上也是健康。我们可以把美丽看成是一种个人优势，尽管说得恰当一点，它并不能直接带给我们幸福。它是通过打动别人而间接带给我们幸福的，而且即使对于男人来说，它也是很重要的优势。美貌是一封公开的推荐信，很容易让人倾心于呈现这封信的那个人。荷马说得好：美貌不是一份轻易就能得到的礼物，除了上帝，没人能赠出这份瑰丽的礼物。

最泛泛的观察告诉我们，人类幸福的两大敌人是辛苦和无聊。可以进一步说，这在于我们远离其中一个、接近另一个的程度。实际上，生活就是这两者之间时强时弱的摇摆。这是因为，这两端中的任何一端都会对另一端产生双重对抗作用，一重是外在的或客体的，另一重是内在的或主体的。生活贫困会让人辛苦，而如果一个人过于富足，他又会觉得无聊。因此，当生活在社会底层的人为了生计而不停地奋斗时，换句话说，在辛苦地奋斗时，上流社会的人却总是在——往往不顾一切地——与无聊作斗争（这两个极端是会相遇的，因为最低层次的文明，即游牧生活或流浪生活，相当于或对应的是最高层次文明中的时不时的旅行生活。前者

荷马说得好,美貌不是一份轻易就能得到的礼物。

是为生活所迫，后者则是为摆脱无聊）。内在的或主体的对抗，源自人对痛苦的敏感性和对无聊的敏感性呈反比这样一个事实，因为敏感性与精神力量是相辅相成的。让我解释一下，一般来说，大脑迟钝的人其感觉也是迟钝的，任何东西都刺激不了他们的神经。总之，不管发生了多大、多可怕的事，他们都不会觉得有多痛苦或多焦虑。从那么多人的脸上就可以看出来的精神空虚实质上是头脑愚钝，这种人会饶有兴趣地时刻关注着外部世界中所有的小事。为了找借口填补大脑和心灵的空白而不断地寻求刺激，这才是无聊的真正来源。人们为了这个目的而选择去做的事没什么特别的，看看他们所依赖的消遣方式和社交方式是多么可悲，或者有多少人在门口闲聊或睁大眼睛往窗外看就知道了。这主要是因为精神空虚，才让人们去寻求各种社交、消遣、娱乐、奢侈活动，很多人都会因此而穷奢极欲、痛苦不已。最能让我们免于这种痛苦的东西莫过于内在的富有，也就是精神的富足，因为精神越富足，无聊的空间就越小。永不停歇的思想活动啊！它们总能从自身和自然界的多种现象中发现新的研究对象，并且能迅速地让它们形成新的组合。这样一来，你就有了让自己精神振奋的东西了，而且除了放松以外，你是接触不到无聊的。

但另一方面，很高的心智是建立在高度敏感、意志强大

一个人内在的东西越多,他希望从别人身上得到的东西就越少。——叔本华

和激情四射的基础上的。这些素质合在一起会增强人的情感能力,让人对所有精神上的乃至身体上的痛苦更加敏感,更不能忍受挫折,更讨厌被人干扰。想象力,即全部思想的生动写照,会加重这些倾向,也包括不尽如人意的东西。这是一种适用于从十足的笨蛋到最伟大的天才的程度各异的精神力量。无论是从主体角度还是从客体角度,离这些让人痛苦的一个根源越近,离另一个让人痛苦的根源就越远。所以,一个人的天性会引导他让自己的客体世界尽可能多地符合自己的主体世界,也就是说,他会尽最大努力去战胜他最容易遭受的那种痛苦。最重要的是,聪明人会从痛苦和烦恼、平静和闲暇中努力找寻自由,从而获得可能没几个人能得到的恬静的有节制的生活。所以,在体验了一些所谓的人类生活

之后，他会选择功成身退。如果他是个心智极高的人，他甚至会选择离群索居，因为一个人内在的东西越多，他希望从别人身上得到的东西就越少，别人对他来说也就的确越不重要。这也是心智高会让人不爱交际的原因。真的，如果心智的数量可以弥补心智的质量的话，那么即使生活在规模巨大的世界里也是值得的。可遗憾的是，一百个笨蛋加在一起也变不成一个聪明人。

另一个极端的人却是，一旦没了为生计所迫的辛苦，就会不顾一切地去消遣、应酬，对什么人都来者不拒，什么都不避讳。这是因为，一个人在离群索居时所能依靠的只有他自身的一切，于是他内在的东西就暴露了出来。衣着华丽的傻瓜会因其可悲的人格而痛苦地呻吟，这种负担是他永远摆脱不了的，而聪明的人却可以用自己活跃的思想填补一切荒芜。塞内加①说过：愚蠢本身就是个负担。说得太对了，可以与耶稣说的"傻瓜的日子比死还糟"相媲美。一般来说，喜欢交际应酬的人都是心智不足的粗俗之辈，因为一个人在这世上的选择是不会离离群索居和粗俗生活这两方面太远的。

可以将大脑看成是一种有机体的寄生物，就像是住在人体里的养老金领取者。而一个人用来自由地享受自己的意识

---

① 古罗马政治家、哲学家、悲剧作家。

一般来说,喜欢交际应酬的人都是心智不足的粗俗之辈。——叔本华

或个性的闲暇时间通常都是只有靠劳动和努力才能换来的成果或产物。可大多数人的闲暇又能结出什么样的果实呢?只有无聊和呆滞,当然还有感官上的享乐和荒唐事。看看打发时间的方式就知道这种闲暇是多么不值钱了,正如阿里奥斯托①所说,无知者的闲散真是太可悲了。普通人只是想怎么才能打发掉他们的时间,有点儿才华的人却会想怎么去利用时间。才疏学浅的人之所以容易无聊,是因为他们的心智根本就是让人为所欲为的工具。每当没什么可让人心动的特别之处时,欲念就会休息,心智也会放假,因为他们的心智和他们的欲念一样,都需要靠外部的某些东西来让自己发挥作用。结果就是一个人所拥有的任何一种力量都处于可怕的停滞状

---

① 16世纪意大利著名诗人。

态，这就是无聊。为了抑制这种讨厌的感觉，人们会做些无聊的琐事以换取那一刻的欢愉，并希望以此来唤醒欲念、激活心智，因为心智必须让欲念达到自己的目的。这种目的与真实的自然的目的相比，就好比纸币之于硬币，因为其价值只是随意的，就像是打牌或类似的游戏，发明出来就是为了这种目的一样。如果没别的事可做，一个人就会弯伸自己的手指或拍打人家的刺花，可能雪茄也是让他不用动脑的很好的替代品。因此，打牌是所有国家主要的社交活动①，从中可以看出它的价值，它也是思想枯竭的外在标志，因为人们没有可用来交换的思想，所以才会交换纸牌，并且试图赢取对方的钱。真是白痴！但我还是想公平一点，所以我要说，确实可以为玩牌辩护，因为它可以帮人为踏入社会和经商做些准备。这是因为，一个人可以通过玩牌学会如何巧妙地利用意外的却不可更改的情况（在这里就是自己摸到的牌），从中获取他所能获取的尽可能多的多东西。为此，一个人必须学会掩饰，学会如何在牌局不利的情况下装出一脸高兴的样子。可另一方面，正因为如此，玩牌才成了一件道德败坏的事，因为它的全部目的就是让人运用各种阴谋诡计和花招去赢取别人的东西。而在牌桌上学到的这种习惯是会生根发芽并深

---

① 就现在而言，打牌无疑已经过时了，至少在北欧是这样的。现在时兴的是对艺术或文学的附庸风雅。——原注

打牌是所有国家主要的社交活动。——叔本华

入人的实际生活中的,人们会渐渐地用类似于玩牌的方式来处理日常的人际交往,并且会认为自己可以最大限度地利用自己所具备的所有优势。商人的生活里每天都有我说的这种事。所以,与其说闲暇是生命开出的花朵,不如说是生命结出的果实,因为是闲暇让人拥有了自己,而幸福的人实际上都是自身拥有一些真东西的人。但大多数人的闲暇又能带来些什么呢?只是一个一无是处的家伙而已,他无聊之极,自己就是自己的负担。所以,亲爱的弟兄们,我们应该庆幸才是,因为我们不是女奴的孩子,我们是自由的人①。

此外,就像只需很少或一点儿都不需要进口商品的国家才是非常富裕的国家一样,最幸福的人就是内心足够富有的

---

① 出自圣经。

人，他只需一点外在的东西或一点都不用就可以照顾好自己，因为进口的东西都很贵，它告诉人们这个国家需要依附别国，引发危险，制造麻烦，到头来，只能是本土产品糟糕的替代品。每个人都不应该指望从别人身上，或一般来说从外部世界得到很多东西。一个人对另一个人来说并没有多么重要，因为每个人终归都是独立的人，重要的是这个独立的人是个什么样的人。这也是歌德在《诗与真》里发现的普遍真理：无论经历何事，最终都得反求于己；或者就像高尔斯密[①]在《旅行者》中所说的：无论我们身在何方，我们还是要从自己身上寻找或获得自己的幸福。

自己能做多好、得多少均取决于自己本身。越是这样，也就是一个人越能从自己身上找到乐趣，就越幸福。所以亚里士多德会说"想幸福就意味着要自给自足"，这是十分正确的，因为其他所有的幸福源泉从本质上说大多都是不确定、不稳定、很偶然和转瞬即逝的，而且即使在最有利的情况下也会很容易被消耗掉。这甚至是无法避免的，因为它们并不总是在我们能控制的范围之内。到了老年，这些幸福源泉一定会枯竭，因为爱情会离开我们，机智、风趣、对旅行的热衷、对马匹的喜好和社交的天分也会离开我们，就连我们的

---

① 英国18世纪中叶杰出作家。

快乐是一种发自内心的感觉。

朋友和亲戚也会被死亡从我们身边带走。到那时，一个人的幸福比任何时候都更取决于他自身拥有什么，因为这些东西会永远跟着他，并且无论在他人生的哪个阶段，它们都是其幸福唯一真正和持久的源泉。这个世界乏善可陈，到处都是不幸和痛苦。如果一个人逃脱了这些，等待他的又会是无处不在的无聊。更糟的是，邪恶通常都能占上风，蠢材叫得最欢实。命运是残酷的，人类是可怜的。生活在这样的世界里，内心丰富的人就像是一间明亮、温暖和快乐的圣诞小屋，而没了这间小屋，就只有冬夜里的霜雪了。所以，毫无疑问，世上最幸福的命就是拥有个性丰富这份稀有礼物的命，特别是天资聪颖的命。尽管这种命可能并不灿烂夺目，但却是最幸福的。

瑞典女王克里斯蒂娜19岁那年在谈论笛卡尔时说过一句极富智慧的话,她只是通过一篇论文才知道,荷兰有一个远离公众、决绝孤独地生活了20年的名叫笛卡尔的人,她说,"笛卡尔先生是最幸福的人,在我看来,他的生活很让人羡慕"(出自《笛卡尔传》)。当然,就像笛卡尔的例子一样,外部环境必须合适得足以让一个人掌控自己的生活和幸福才行,或者像我们在《传道书》中读到的那样:智慧最好能与遗产相伴,正是它们生出的益处才让人活着。被大自然和命运赐予了智慧之福的人,都非常希望并会十分小心地让自身拥有的幸福喷泉一直喷涌。为此,他愿意控制自己的欲望、保护自己的资源,因为他不像其他人那样会让自己的快乐受制于外部世界。所以,他不会为了对职位、金钱或周围人的赞赏和垂青的渴望就错误地让自己屈服,以迎合低下的欲望和趣味。不仅如此,在这种情况下,他还会遵循贺拉斯在写给其赞助人的信中所提及的忠告。为了外在的东西而牺牲自己的内在,用自己全部或大部分的安宁、闲适和独立来换取荣耀、浮华、地位和荣誉,这是非常愚蠢的行为。歌德就是这么做的,而我的好运却引领我走向了与此完全相反的方向。

我在这里一再坚持的真理,即人的幸福主要来自内在的东西,在亚里士多德真知灼见的《伦理学》中得到了证实。他说,任何快乐都是以人所从事的活动、所运用的技能为前

到了老年……一个人的幸福比任何时候都更取决于他自身拥有什么。——叔本华

提的，没了这个前提也就没了快乐。亚里士多德的"人的幸福就在对其最高才智的自由发挥中"这一信条，在斯托比亚斯①有关逍遥学派的论述中也出现过。他说：幸福意味着，无论你做什么，你都能精力充沛且圆满地完成它。他解释说，按他的意思，希腊语中的活力就是对任何一件事的精通，不管它是什么事。大自然赋予一个人的那些本领，原本就是为了让他能够与所遇到的各种困难做斗争。但如果斗争结束了，用不着的本领就会变成他的负担。于是他不得不开始消遣它们，我指的是毫无目的地使用这些本领。如果不避开其他痛苦，就会立即感到无聊。上流社会的有钱人是无聊的最大牺牲品。卢克莱修②在很久以前就对他们这种可悲的状态做过描述。时至今日，在每个大城市里仍能发现他所描述的这种情况，那就是富人很少待在自己家里，因为待在那儿很无聊，当然，他还是会回家的，因为待在外面的感觉也好不了多少。或者他会策马飞奔到自己的乡间别墅，好像那儿着火了一样，但等他一到那儿就又觉得无聊了，于是就想借睡觉来忘记一切，或者又匆匆赶回城里。

这些人年轻时一定身强体壮、精力旺盛。和思想的力量不同，这种力量不能长时间地一直饱满着。到了晚年，他们

---

① 古希腊晚期作家。
② 古罗马哲学家。

生活越简单就越容易获得快乐。

既没有任何精神力量,又无力开发出任何可以让自己尽情发挥的力量,于是就陷入了可悲的境地。可他们的欲望还在,因为这是唯一一种永不枯竭的力量。他们会通过激烈的活动来努力刺激自己的欲望,比如玩赌注很大的赌博游戏,这无疑是一种最可耻的恶行。有人可能会说,一般来说,如果一个人无事可做,他一定会找些他擅长的消遣,可以是打球、下棋、打猎、画画、骑马、听音乐、玩牌、写诗、研究纹章学或哲学,或者其他一些业余爱好。如果把这些爱好归纳为三种基本能力的表现形式,就是说将它们看成是一个人的生理构成中基本因素的表现形式,我们就可以有条理地对这些兴趣爱好进行归类。进一步说就是，通过从这三种能力本身来说，不考虑它们可能会有的任何明确的目的，只把它们看成是可以产生三种快乐的根源，对这些兴趣爱好进行归类。每个人都会根据他所擅长的本领来选择适合他的那种快乐。

首当其冲的就是生命力旺盛所带来的快乐，也就是饮食、消化、休息和睡眠方面带来的快乐，可以说这还是一些国家的国家特色和乐趣。其次是身强体壮所带来的快乐，如步行、跑步、摔跤、跳舞、击剑、骑马及其他类似的运动项目。有时这些项目以体育的形式出现，有时还会以军事活动乃至真正的战争形式出现。第三种是感觉能力带来的快乐，如观察、思考和感受所带来的快乐，或者对诗歌、音乐或文化的鉴赏，学习、阅读、冥想、搞发明、研究哲学以及其他类似的事情所带来的快乐。关于每种快乐的重要性、相对价值和持续时间的问题，可以说有很多的说法，读者们也可以补充。但每个人都会发现，所运用的本领、能力越高贵，它所带来的快乐就越大，因为快乐总是蕴藏在对自身能力的运用中，而幸福就在这种快乐的不断重复中。就这点来说，没人会否认，感觉能力所带来的快乐，比其他两种基本能力和本领中的每一种所带来的快乐地位更高，因为动物也有这两种能力，甚至远胜于人类。而正是这种占有压倒性数量的感觉能力让人区别于其他动物。现在，我们的精神力量是以感觉能力的形式出现的，因此，占有压倒性数量的感觉能力可以让我们感受到那种必须凭借思想才能获得的快乐，也就是心智的快乐。感觉能力越强，快乐就越多。①

只要能激起自己的意欲，凡夫俗子们就会对这事情感兴趣，无论它是什么，只要对他个人有利就行。可意欲总是很

---

① 大自然是个不断发展的过程，从无机物世界的机械、化学活动开始，生出只会枯燥地自娱自乐的植物，而后又进化到动物世界，从此有了智力和意识。一开始，这种智力和意识极其微弱，只有在经过许许多多的中间过程之后才到达了最后的大发展阶段——有了人类。人的智力是大自然的制高点，她所有的努力、最完美和最艰巨的工作，就是为了生出人的智力。而人的智力存在着很多在程度上显而易见的差异，且很少能达到登峰造极的程度。从很窄的、严格的意义上说，智力，说得恰当些应该是智慧，是大自然最完美的作品，所以它才是这个世界可以夸耀的最稀有、最珍贵的东西。大自然最高端的产品是最清晰的意识，世界在这样的意识里所呈现出的面目比在其他任何地方所呈现出的都要清楚、完整得多。生就了这种智慧的人，就是拥有世上最高贵、最美好的东西的人，他因此也就拥有了快乐的源泉。与这个快乐源泉相比，其他所有的快乐源泉都是微不足道的。除了向外部世界索要闲暇——可以说就是时间——来自由地享受自己已经拥有的东西之外，他别无所求。所有不是源自智慧的其他快乐都是低层次的快乐，因为它们全都是意欲的活动。欲望、希望、恐惧和野心，不管它们如何发展，其实现都是以痛苦为代价的，而野心的实现通常都带点幻觉色彩。另一方面，智慧之乐会让真理变得越来越清晰。在智慧的王国里，痛苦无计可施，知识主宰着一切。智慧之乐是完全可以获得的，但却只有借助智慧本身才能获得这种快乐，且是否能拥有这种快乐取决于是否拥有智慧，因为对于没有智慧的人来说，世间所有的机智都是毫无用处的。不过，与这一优势相伴的还有一个相当大的劣势，因为大自然告诉我们，随着智慧的增长，感受痛苦的能力也在增强，拥有最大智慧的人，其痛苦也是最深的。——原注

强烈至少是件喜忧参半的事，换句话说，其中是有痛苦的。玩牌这种到处都有、风行天下的"很好的社交方式"，就是一种为了能让人得到这种刺激的手段，而且这种小兴趣还可以产生轻微的、短暂的但却不是真正的、永久的痛苦。实际上，玩牌只不过是在挑逗意欲。①

另一方面，思维能力很强的人仅仅借助知识就可以对事情产生浓烈的兴趣，不掺杂任何意欲的成分。这种兴趣甚至是他的必需品，因为可以让他远离痛苦，让他仿佛置身于上帝平静地生活着的有先知的地方。

看看下面两种情形。首先是大众的生活。这是一种漫长、

---

① 从根本上说，粗俗是一种意欲完全战胜了思维能力的意识状态。在这种情况下，思维能力不过是为它的主人——意欲——提供服务的（仆人）。所以，当意欲没什么要求、没什么大大小小的目的时，思维能力就会完全失去其威力，结果就是大脑一片空白、精神完全空虚。在这个世界上，没有任何思维能力的意欲是最庸俗和最司空见惯的。每一个傻瓜都是这样的，他们用那种对自己的激情的心满意足证明了他们是什么样的人。这就是所说的最粗俗的精神状态。在这种状态下，唯一活跃的元素就是感觉器官，还有解读感觉信息所必需的少量思维能力。所以，粗俗之人会不断地让自己接触所有种类的印象，还能立即察觉到自己身边所有微不足道的小事，最轻微的声响、最细小的事情都能引起他的注意，就像动物一样。这种人的心理状态会反映到他的脸上和他的外表。因此，如果他是根据意欲这个自己的意识中唯一的要素而行事的，就像人们通常所做的那样，那么粗俗、更令人讨厌的让人反感的外表以及自私，加在一起就让这人成了一个糟糕的人。——原注

所有不是源自智慧的其他快乐都是低层次的快乐,因为它们全都是意欲活动。——叔本华

单调的挣扎和努力全都是为了换取个人福利上的蝇头小利的生活;是献身于各种苦难的生活;是一旦达到了目的,困扰他的无法忍受的无聊便又会再次困扰他,而他又只能借助于强烈的激情让自己再次投入到一些活动中去的生活。另一种就是天生拥有卓越精神力量的人的生活,他的这种禀赋让他成了思想丰富、充满活力且富有意义的人,一旦他能够自由地面对既有价值又很有趣的事物就会全情投入,且他自身就拥有最高贵的快乐之源。能够给予他所需要的外部刺激是大自然的杰作,是对人类事物的深入思考,是各个时代、各个国家出现的伟大成就。只有这种人才会非常欣赏这些东西,因为他们是唯一能充分理解并感受它们的人。所以,正因为有这种人,那些伟大的事物才真正地活过,它们是在恳求他

们。其余的人只是偶尔听到些什么，对这些伟大的事物或它们的追随者，这些人仅仅是一知半解。当然，心智很高的人的这个特性也意味着他比其他人多一个需要，他需要看书、观察、研究、思考和实践，总之他需要拥有不被打扰的闲暇。因为，正如伏尔泰精准的判断那样，没有真正的需要就没有真正的快乐。正是因为有这种需要才让这种人得到了其他人得不到的快乐，欣赏多姿多彩的自然、艺术和文学之美的快乐。将这些快乐堆在不需要和不能欣赏它们的人的周围就像是在盼着老人去谈情说爱一样。在这方面具有优势的人会过两种生活：个人生活和精神生活。渐渐地，后一种生活会被看成是真正的生活，前一种生活则仅仅会被看成是过真正生活的一种手段。其他人都将肤浅、空虚和烦恼地活着看成是活着本身的目的，而过精神生活的人则会把这种精神生活放在首位。随着见识和知识的不断增加，这种精神生活会像一件被慢慢打磨的艺术品一样，得到一种协调的、永远不变的光泽度，成了一个越来越完善的统一体。与这种生活相比，只为了个人安逸而活着的生活可能的确很有广度，但却绝没有深度，它是一种卑微的生活。可正像我说的那样，人们认为这才是生活的目的。

普通的日常生活若不受激情驱使，一定是冗长乏味、平淡无奇的。而一旦为激情所驱使，则很快就会变成痛苦的生

如果没有精神生活,那么像鸽子一样的大脑对人而言就足够了。

活。只有那些天生就拥有超出执行其意欲所需的额外、多余、过人心智的人才是幸福的人，因为这样的心智能让他们过上精神生活，一种没有痛苦但却富有生动情趣的生活。单靠闲暇本身——就是说心智无须服务于意欲——是不够的，一定要有真正多余的能力才行这种多余的能力无须服务于意欲，可以全部投入到精神生活中。因为正如塞内加①所说的：无知的闲暇是一种死亡，是活埋。这种额外能力的多少与不同意味着这第二种生活——精神生活——有着数不清的成果，可以仅仅是收集并标记昆虫、鸟类、矿物、钱币，也可以是诗歌或哲学这种最高成就。过精神生活不仅是为了避免无聊，而且是避开无聊所带来的破坏性的一种方式。它可以让我们远离坏朋友，远离很多危险、不幸和损失，以及让自己的幸福完全寄托于物质世界的人一定会遇到的骄奢淫逸。举例来说，我的哲学从未带给我多少收入，但却让我省下了不少。

普通人会将他的人生幸福寄托在身外之物上，寄托在财富、地位、妻儿、朋友、社会及其他类似的东西上，所以一旦他失去了它们或对它们失望了，他的幸福根基也就毁掉了。换句话说，他的重心不在自己身上，其位置总是跟着每个愿望和奇怪念头在不断地变化着。如果他很平庸，他就会这天关心自己的乡间别墅，那天想买匹马或招待朋友，又或者去

---

① 古罗马政治家、哲学家、悲剧作家。

旅行。总之，他会过一种奢侈的生活，因为他想从身外之物上找到快乐。就像健康和力量都没了的人一样，他想通过喝汤、吃药来重新获得这些东西，而不是希望通过增强自己的生命力——他失去的东西的真正来源——来得到这些。在探讨与这种人截然相反的人之前，我们先来看看处于中间位置的这类常见的人。他可能并没有生就卓尔不群的精神力量，但在这方面却超出了一般水平。他会有艺术方面的业余爱好，也会专心研究某些学科，如植物学、物理学、天文学或历史学，并且能从这些研究中得到很多快乐，当外部的幸福动力衰竭或再也不能满足他时，他还能靠这些东西自娱自乐。可以说，这种人的重心只是部分地在自己身上。但是，对艺术的业余爱好和创造活动是极为不同的，业余爱好者所从事的科学研究也多流于表面，且无法深入事物的核心。这种人是不能全身心地从事这些事的，他也不能让自己整个人都被这些事完全占据，以至于对其他任何事都不感兴趣。只有心智最高的人，我们称之为天才的人，才能做到这个份上，才能让自己的全部时间和整个身心都围绕着它们，并努力地表达着自己对世界的独到观点，无论他认为生命的主体是诗歌还是哲学。所以，对这种独善其身的人来说，他自己的思想和工作就是急需面对的事。对他来说，离群索居令人愉快，闲暇是最好的，其他的一切都是不必要的，甚至还是累赘。

这是唯一一种能被说成是重心全都在自己身上的人。这也说明了为什么无论其人品多么出色，这种极为稀少的人是不会对朋友、家人和大众产生其他人通常都会有的强烈的、无尽的兴趣的，因为如果他们只拥有自己，他们就不会为失去其他东西而沮丧。这给他们带来了性格上的孤立，而其他人永远都不会真正满意于这种总的来说是一种不同的天性的。不仅如此，由于这种不同总会引起其他人的注意，他们也就习惯于作为另类生活在人群之中，以及被说成是整个人类中的"他们"而不是"我们"。

所以，我们得出了这样的结论：天生拥有很高心智的人是最幸福的人，主体也确实比客体更能影响我们。因为，无论客体是什么，它只能通过主体这个媒介间接发挥作用。卢西安①很好地表达了这个真理：心灵的富足才是唯一真正的财富，其他所有的财富所带来的灾祸甚至多于财富本身。

除了不被打扰的闲暇这个被人驳斥的礼物之外，内心丰富的人对外在的东西一无所求。他想用它增长、完善自己的心智，就是说，用它来享受自己的财富。总而言之，他想在自己的一生中，每一天、每一个小时都有权做自己。如果他

---

① 希腊修辞学家和讽刺诗人。

亚里士多德说过,幸福好像就在闲暇中。

注定要将自己的精神特质留给整个人类的话,那么他留下的只有一种衡量幸福和不幸福的标准,这就是能不能尽其所能地完成他的作品,其他任何东西都不重要。因此,各个时代最伟大的思想者都会最看重不被打扰的闲暇,就像看重他们自己一样。亚里士多德说过:幸福好像就在闲暇中。第欧根尼[①]也说,苏格拉底称赞闲暇是个人财物中最美的东西。亚里士多德在《尼各马可伦理学》中总结道:献身于哲学的人生是最幸福的人生。他在《政治学》中说过:无论什么才能,只要能运用自如就是幸福。歌德在《威廉·麦斯特》中也说过:谁要是天生就拥有他注定要用的那种才能,谁就能在运用这种才能时获得最大的幸福。

然而,能够拥有不被打扰的闲暇绝不是一种普普通通的运气,它与人的天性格格不入。这是因为,普通人的命运就是用自己的一生来换取自己和家人生存所需的东西,他是生活窘困与努力奋斗之子,而不是一个自由的性灵。因此,一般来说,人们很快就会厌倦不被打扰的闲暇的。如果不用虚妄的、强加给自己的目标,以及玩耍、消遣和嗜好这类东西去占据这种闲暇,闲暇就会变成负担。正因为如此,不被打扰的闲暇才可能具有危险性,因为有一句话说得很对:如果

---

① 古希腊哲学家。

无事可做，你是很难安静下来的。另一方面，远远超过一般水平的心智就和不正常一样，是不符合常理的。如果这种心智真的存在，且生就了它的那个人也想快乐，那他想要的则恰恰就是其他人认为是负担或有害无益的不被打扰的闲暇，因为如果没有它，他就会像一匹被上了笼套的飞马一样一定不快乐。如果这两种不合常理的情形——外在的不被打扰的闲暇和内在的很高的心智——碰巧都出现在同一个人身上，那就撞了大运了。而如果这个人的命一直都很顺，那他就会拥有更高境界的人生，这种人生可以远离两大互相对立的人生之苦的根源——辛苦和无聊——可以不用为了生存而做痛苦的挣扎，也不用忍受闲暇（闲暇本身就是一种自由的存在物）。或许只有做到了让辛苦和无聊相互抵消才能避开不幸。

但也可以从反面来看这个问题。很高的心智意味着神经会极为活跃，这会让人对各种痛苦极为敏感。另外，这种心智还会带来一种激烈的性情、更博大的观念和更鲜明的思想。这些都与很高的心智密不可分，会让它的拥有者们去承受相应的强烈情感，而这种情感要比一般人所需承受的情感激烈得多。这样一来，世间就有了更多的痛苦而不是更多的欢乐。再者，心智很高会让他疏远其他人和他们的事，因为一个人自身拥有的东西越多，他能从别人身上找到的东西就越少，而许许多多他们引以为乐的事在他看来都是肤浅、乏味之事。或许这又是一个可以说明补偿法则无处不在的例证。心胸狭窄的人实际上是最快乐的，这种貌似有理的说法人们听到的真是太多了，尽管没人会羡慕他们的这种运气。在这点上，我并不想阻止读者自己作出判断。索福克勒斯①就发表过两个正好相反的言论。他在某段文字中说：智慧是幸福最重要的组成部分；而在另一段文字中又说：没有思想的生活是最快乐的生活。《旧约》中的圣贤们也是自相矛盾的，"傻瓜们活着还不如死了"和"越聪明就越不幸，知道得越多就越痛苦"都是他们说的。

不过，我还是要谈谈没有精神需求的人，他们的心智水平很一般。严格地说，可以将他们称为俗人。俗人一词最先出现在德语里，是大学里用来骂人的词，后来被引申为更高一层意思，指的是不被文艺女神缪斯青睐的人，但还是原来的意思。如今，这种人依然存在。我更愿意再上一个台阶，将俗人一词用在总是被并非现实的现实团团围住的人身上。这样的定义应该是超验的，因而也就不被大家理解，所以也不太适合这本大众读物。另一个定义就比较容易阐述了，它能很好地表明俗人身上所有特质的本质属性：俗人就是没有

---

① 古希腊悲剧诗人。

一旦一个人去旅行过了,他就可以讲故事了。——阿姆斯姆斯

精神需求的人。由此带出的首先是,在自身方面,他是没有精神上的愉悦的,因为正如前面所讲,没有真正的需求就没有真正的快乐。俗人并不靠对知识的渴求和探究或对真正的美的享受而活着。如果这种快乐很时髦,并且他觉得自己是被迫关注的,他就会逼着自己这么做,还会让这种兴趣尽可能地少。唯一能让他真正快乐的都是感官上的快乐,他觉得这可以补偿他没有其他快乐的损失。对他来说,吃牡蛎、喝香槟是一种极致的生存方式,他的人生目标就是获取能为他带来物质福利的东西,而如果这给他带来了麻烦,他也就真的快乐了。如果奢侈的生活就摆在他面前,他一定会感到无聊。为了对付无聊,他会搜肠刮肚地想出很多办法,跳舞、看戏、聚会、玩儿牌、赌博、骑马、找女人、喝酒、旅行等等。所有这些都不能赶走无聊,因为没有精神需求就不可能有精神快乐。俗人的特征就是目光呆滞、干巴巴地面无表情,就像动物一样。什么都不能让他真正地快乐、激动或产生兴趣,这是因为感官上的快乐会很快消失,社交活动不久也会成为他的负担,他甚至还可能讨厌打牌。不过还是会有虚荣的快乐的,这是一种通过自己的方式享受到的快乐,要么觉得自己在财富、地位或权势方面高过尊崇他们的人,要么至少觉得因为追随这种人而自己脸上有光,也就是做势利小人。

俗人的本质所带出的第二点就是，就其他人而言，由于他没有精神需求，只有物质需要，他会去找寻可以满足后者而不是前者的社会圈子。他最不想从朋友那里得到的就是精神方面的能力，而且一旦碰到了这样的东西，他就会反感，甚至会憎恨。这是因为除了让人不高兴的自卑感外，他还有一种模模糊糊的忌妒心，他小心地藏着它，甚至瞒着他自己，这种忌妒心有时会发展为一种隐秘的敌意。尽管如此，他也绝不会让自己的价值观符合标准，他会继续尊崇地位、财富和权势等等，这些在他眼里是世间唯一真正的优势，他的愿望就是自己要在这些方面出类拔萃。这一切都是因为他是一个没有精神需求的人。俗人们很大的苦恼是他们对思想不感兴趣，所以为了躲开无聊，他们会不断地要求现实。可现实既不令人满意又存在危险性，所以一旦他们对现实没了兴趣，就会感到疲惫，而思想的世界却是无穷无尽、风平浪静的，是远离我们的痛苦的。

第 3 章
所有物，或者说一个人有什么东西

心灵的富足才是唯一真正的财富,其他所有财富所带来的灾祸甚至多于财富本身。

伊壁鸠鲁把人的需要分为三类,这位伟大的幸福论传授者所做的这种分类既正确又巧妙。首先就是天然的、必不可少的需要,如食物和衣服,如果没有它们就会有痛苦,这些需要也很容易得到满足。第二类需要就是天然的但却不是必需的需要,如对某些感官的满足的需要。这里我得补充一下,据第欧根尼所述,伊壁鸠鲁并没有说这种满足感是什么,所以在这点上,我对他的学说所做的解释比原有的解释更确切些。满足这些需要就要困难一些了。第三类需要指的是既不天然也不必需的需要,是对奢侈和浪费的炫耀和显赫的需要。这种需要永无止境,并且极难满足。

想要确定人们对财富的渴望应该在什么样的合理范围之内,这即便是可能的,也是很困难的一件事,因为并不存在一个可以让人满足的绝对或确切的财富数量。这个量一直都是相对的,就是说,只要能让他的期望和他的所得之间保持比例就行,因为仅仅通过他的所得却并不同时考虑他的期望来评估一个人是否幸福,就像只用分子而不用分母来表示分数一样徒劳无益。如果一个人从来没想要某样东西,他也就永远不会觉得他没有这样东西,没有它他也一样高兴。而另一个可能拥有百倍之多东西的人,只是因为缺了一样东西就会闷闷不乐。实际上,每个人都有自己的视线范围,只要他认为他可能得到,他就会希望得到它。如果他的视线范围内

幸福与每个人的所得成正比,与所求成反比。

的这样东西看起来有把握得到,他就会快乐;如果很难得到,他就会痛苦。超出他的视线范围的东西对他没有什么作用。所以,富人的巨额财富并不会搅乱穷人的心,反过来,所有的财富也不能安慰富人的失望。有人说,财富就像海水一样越喝越渴。名声也一样。失去了财富和荣耀的人,一旦没了最初的痛苦,脾气秉性就又会和过去常有的一样了。这是因为,一旦命运减少了他的财富数量,他马上就会降低自己的要求。而当不幸落到我们头上时,降低自己的要求却恰恰是最痛苦的事。可一旦我们这么做了,痛苦就会越来越少,最后会一点儿都没有,就像痊愈了的旧伤疤。相反,如果我们交了好运,我们的要求就会越来越多,因为什么也控制不了它们,这种膨胀感让人欣喜若狂,但却持续不了多久。膨胀结束了,兴奋也就终止了。我们已经习惯于增加要求,因而也就不会去关心可以让我们感到满足的财富数量了。《奥德赛》中的一段话阐明了这个真理,我在这里引用最后两行:

人们在尘世的想法
如同人神之父所给予的白昼

当我们无力增加可以满足自己的要求的财富数量时,总是试图增加自己的要求就会让我们不满。

一想到人类的需要有那么多,人的生存又是多么依赖它们,我们就不会为财富比世间任何其他东西都更让人肃然起敬,甚至被当成极大的荣耀而吃惊了。我们也不必为获得财富是唯一有助于人生的事,任何不能获得财富的事都应被放到一边或完全放弃,如哲学家所从事的哲学,而感到奇怪。人们常常会因为金钱至上、爱钱胜过一切而受到指责。但对一个人来说,喜欢金钱是很自然的事,甚至是不可避免的。金钱随时随地都能变成恍惚中的愿望或被各式各样的欲望片刻盯上的东西,就像不知疲倦的普鲁特斯[①]。任何其他东西都只能满足一个愿望、一种需要。只有在你饿了的时候,食物才是好的;只有在你会品的时候,酒才是好的;只有在你病

---

① 希腊神话中变幻无常的海神。

只有金钱才是绝对的好东西。——叔本华

了的时候，药才是好的；冬天需要皮草御寒，年轻人需要爱情也是如此，等等。这些都是相对的好东西，只有金钱才是绝对的好东西，因为它不仅能实实在在地满足某一种特定的需要，而且还能抽象地满足一切需要。

如果一个人有一笔足够维持闲居生活的钱，就应该把这笔钱当做抵御可能遇到的灾祸和不幸的屏障，而不应借此纵情欢乐，或认为就应该这么花。生来一无所有，但却通过运用自己的才华而挣得了巨额财富的人，几乎都会认为他们的才华就是他们的本金，他们赚到的钱只不过是本金所生的利息，所以他们不会把赚到的一部分钱变为永久的本金，而是挣多少花多少。于是他们常常会陷入贫困，他们挣的钱在减少，到最后一点儿都不剩，因为时过境迁，他们的才华消失殆尽，就像出色的艺术家极易碰到的情形那样，或是因为他们的才华只有在某种特殊的环境下才能被发挥出来，而现在这种环境已经没有了。如果他们愿意，任何东西都无法阻止靠双手吃饭的人不用这种方式对待他们挣的钱，因为他们的技能好像不会消失，即使消失了，也会被其工友的技能所替代，而且他们所从事的工作总是为人所需的，就像常言所说的：有用的手艺就是一个金矿。可对于艺术家和所有专业人才来说，情况就截然不同了，这也是他们收入颇丰的原因。他们应该用自己的收入建起自己的本金，可他们却满不在乎地认为自己的收入只是利息而已，结果就是倾家荡产。另一方面，继承了财富的人至少是知道如何区分本金和利息的，他们当中的大部分人都努力保证本金的安全，而不会蚕食它。如果可以的话，他们还会将至少 1/8 的利息存起来以备不时之需，所以他们中的大多数都能安然无恙。这几句有关本金和利息的论述并不适用于商人的生活，因为商人只是把钱当成挣更多钱的手段，就像工人看待工具一样。所以即使本金完全是靠自己的努力挣来的，他们也会尽量通过使用它来保存和增加它。因此，在商人阶层里，放在任何地方的财富都不如放在家里的多。

就像常言所说的，有用的手艺就是一个金矿。——叔本华

我们往往发现，真的知道什么是匮乏、什么是贫穷的人，会比只是听说过贫穷的人更不担心这些，因而也就更喜欢铺张浪费。一般来说，出生并成长在好的环境里的人，实际上比因为交上了好运而突然暴富的人对未来谨慎得多，也节俭得多。由于贫穷好像离得很远，这就让它看上去似乎并不是一件真能让人非常痛苦的事。而真正的原因却是生来富有的人会把财富看成是像空气一样没它就活不了的东西，他会像保护自己的生命一样保护自己的财富。所以，他通常会喜欢秩序、审慎和节俭的生活。而生来贫穷的人会把贫穷看成是很自然的事，如果他意外地发了横财，他会觉得这是他额外得来的，是该被享受掉或浪费掉的东西，因为即使最后一分不剩了，也不过就是和过去一样，焦虑还会更少。或者像莎士

比亚在《亨利六世》中所说的——这句谚语一定会被印证的：跨上马的乞丐一定会把马跑死。

但应该说的是，这种人极为相信命运和让他们摆脱了匮乏与贫穷的独特方式，不仅脑子里信，心里也是信的。所以他们不会像生来富有的人那样，把一点点贫穷看成无底洞。他们会宽慰地想：摔倒了还会爬起来的。人性中的这一特点解释了一个事实，即婚前贫穷的女人往往比为夫家带来丰厚陪嫁的女人更挑剔、更铺张。因为一般来说，富家女不仅能比贫家女带来更多的财富，而且更渴望保住这些财富，这种遗传因子也会更多。如果有人怀疑其中的真实性，并且认为情况刚好相反，那他可以在阿里奥斯托的第一个讽刺作品里找到支持自己的权威观点。另一方面，约翰逊博士是同意我的观点的，他说：习惯于理财的富有女人会明智、审慎地花钱；而结婚时才第一次有权支配钱财的女人是有花钱嗜好的，她们会非常大方地把钱挥霍掉。无论如何我都要奉劝娶了贫家女的人，不要把本金给她们，给她们利息就行，特别是不要让她们打理孩子们的财产。

总之，我认为，建议人们应该小心看管自己挣的或继承的财产并非是个不值一提的话题，因为用足以过上独立生活的财富开始自己的人生，也就是说，一个人不用工作就可以

财富意味着可以不患上像瘟疫一样的贫困慢性病。——叔本华

舒服地生活,即使这笔钱仅够自己而不是整个家庭用,这是一件不可高估的好事。这意味着可以不患上像瘟疫一样纠缠着人生的贫困慢性病,可以让每个人挣脱不得不劳作的自然命运的束缚。只有拥有了这种和顺的命运,才能说这个人生来是自由的,是自己的时间和能力的主人,用一个合适的词就是,是一个可以自己负责的人,才能在每天早上说这一天是我的。正因为如此,一年挣一百的和一年挣一千的人之间的差别,比这些人和一分钱都挣不到的人之间的差别要小得多。不过如果遗产落到了天生拥有极高心智的人的手里,那他就可以将遗产的价值发挥到极致。他会去追求不为挣钱而活的生活,于是就受到了命运的双重眷顾,就能为自己的天赋而活。他会用别人无法企及的成就,用给世间带来美好的

作品去百倍地偿还他欠世人的债，并给人性带来荣耀。另外一些人可能会用他们的钱做慈善，让自己赢得大家的敬意。而有些人一点儿都不想做这些事，甚至试都不想试，并且永远都不想学习任何一门知识的基础理论，以便至少可以做些能推动其发展的事，如果他生来富有，也只不过是一个游手好闲、虚度光阴的可鄙之徒。他甚至得不到快乐，因为衣食无忧会将他送到人类痛苦的另一个极端——无聊。对他来说，无聊就是折磨，如果他能因贫穷而做点儿什么反而会好受些。因为无聊，他会挥霍无度，于是就会失去他不配得到的优势。有无数的人都发现自己变穷了，这仅仅是因为，在他们有钱的时候，他们会只是为了暂时摆脱压迫自己的无聊感而大把地花钱。

如果一个人的目标是获得政治上的成功，那就完全是另外一回事了。对他来说，支持者、朋友和关系都非常重要，因为可以在他们的帮助下一步步爬上去，或许还能爬到顶层。对这种人来说，身无分文地来到这个世界反而要好得多。如果一个志存高远的人并非出身于显赫家庭，但却有些天赋，那么一无所有的穷光蛋身份反而是他的优势。每个人在与周围的人进行日常交往的过程中，最想达到的目的就是证明别人都不如自己，在政治生活中尤其如此。只有彻彻底底地认为自己无论从哪个角度讲都是完完全全、彻彻底底、实实在

我没有将妻子和孩子算在一个人所拥有的东西里,因为他反倒是他们的所有物。——叔本华

在地低人一等、无足轻重、一文不名、一无所有的穷光蛋，才能不声不响地获得政治地位。只有他能做到不断地点头哈腰，如果需要的话，甚至能鞠九十度的大躬；只有他能忍受任何事并且面带微笑；只有他认为功德一分不值；只有他才会在必须为自己的上级或位高权重的人歌功颂德时用最大的嗓门去说，用最大胆的方式去写，并且还会将这些权重者的随意涂抹夸为杰作；只有他才能在还未成年时就懂得该如何去乞求，并且早早地成了这方面的高僧。歌德道出了其中的原委：抱怨卑贱的目的毫无意义，因为无论人们说什么，主宰这个世界的就是卑贱的目的。

另一方面，生来富有的人通常都有点一根筋，他习惯于抬头做人，一点也不懂得乞求的艺术。或许他也有点儿才华，可他应该知道，这种才华永远也比不上阿谀奉承的平庸之才。最终，他认识到了位置在他之上的那些人的低下，当他们想辱没他时，他会执意不从并感到羞耻。这可不是这个世界的生存之道。不仅如此，这种人至少会赞同伏尔泰的自由表述：我们的时日不多了，所以不值得为奉承可鄙的流氓、无赖花费任何一点时间。但是，唉！顺便说一句，可鄙的流氓、无赖是一个可以据此推断出有多少可恶之人的标志。尤维纳利斯[①]

---

① 古罗马讽刺作家。

说过,"如果你的穷困多于你的才华,你是很难挺起胸膛做人的",这句话更适用于从事艺术和文学的人,而不是立志从政和混迹社会的人。

我没有将妻子和孩子算在一个人所拥有的东西里,因为他反倒是他们的所有物。将朋友归在一个人的所有物下更容易些,但朋友对于他的意义并不比他对于朋友的意义多多少。

第 4 章

地位，或者说一个人在别人心目中的位置

不管做什么事，我们首先想到的几乎都是别人会怎么说，生活中将近一半的烦恼和不安都是这个引起的焦虑。

一、声誉

人性中一个很特别的弱点是，人们通常会对别人对自己的看法想得过多，尽管这种看法微乎其微的作用说明，无论它是什么，都不能决定我们的幸福。所以，真的很难理解，为什么每个人在听到别人对他的好评或说些让他的虚荣心感到满足的奉承话时都会乐不可支。如果你抚摸一只猫，它就会发出高兴的叫声，同样难免的是，如果你夸奖一个人，他的脸上就会有愉快的表情。如果所夸之事正是他为之骄傲的一件事，那么即使这种夸奖明显是在撒谎，也一样是很受用的。无论一个人有多么不幸，或只从已经讨论过的两种幸福源泉中得到了一点点幸福，只要别人会夸奖自己，就可以得到安慰。相反，自己妄自尊大的心理被挫伤，无论这种伤害的性质、程度或情况如何，或被人贬低、轻视或蔑视，都会让人恼羞成怒，有时还会陷入深深的痛苦之中，其中的必然性会让人大吃一惊。

如果说荣誉感源自人性中的这个特性的话，那么它就可以作为道德的替代品，对很多人的福祉产生有益的作用。但对他们的幸福，特别是对幸福中绝对不能少的平和的心境和

别人对我们的看法只存在于别人而不是我们的意识中……只能间接地影响我们。——叔本华

独立的自我来说，荣誉感所起的作用就不是有益的，而是干扰和有害的。因此，从我们自己的角度来说，控制住这个弱点，适当地考虑并正确地评价这些优点的相对价值，尽可能地减少自己对别人的看法的过度敏感，这绝对是明智之举，不管这种看法是可以满足我们的虚荣心还是会让我们感到痛苦，因为这两种感觉其实是一样的。否则，一个人就会按照别人的想法去做。扰乱或抚慰一颗渴求赞美的心所需要的东西竟是那么的少（引自贺拉斯）。

所以，适时适度地将内在价值与自己对自己的看法和别人对自己的看法对比一下，这对我们的幸福是大有益处的。前者就是所有填满了我们整个人生、缔造了我们的人生的东西，总之就是已经在个性和所有物章节中讨论、总结过的所有优点，而所有这些都存在于我们自己的意识中。另一方面，别人对我们的看法只存在于别人的意识中，而不是我们的，是我们在他们眼中的某种形象加上由此产生的种种想法。但这些并不能直接地影响我们，它们只能间接地影响我们。也就是说，只要我们的所作所为是由他们对我们的看法支配的，那么这些看法的影响就是间接的。只有当它们能驱使我们改变我们的内在和我们对自己的看法时，才能对我们产生直接影响。此外，别人是怎么想的不关我们的事。当知道了大多数人的想法是多么肤浅和微不足道、思想是多么狭隘、情操

> 智者最不能舍弃的东西就是对名声的贪欲。
> ——塔西佗

是多么卑贱、观点是多么冥顽不化,他们中的大多数身上有多少错误时;当我们亲眼见到一个人在不用害怕周围的人,或认为他所说的一切不会传到他们的耳朵里时是如何贬低他们的,我们就真能不在乎别人的看法了。而如果我们有机会看到伟大的人所遇到的多半都是渺小的傻瓜时,我们就会知道,过于看重别人的看法就是过分抬举他们。

不管怎样,如果已经说过的前两种福气都不能给一个人带来幸福,他只能从第三种福气中寻找幸福,换句话说,他的幸福源泉不在自己身上,而在别人对他的看法里,那么这个人就处在相当不利的境地。因为,我们全部本性的基础,因而也是我们幸福的基础，毕竟还是我们的体格。幸福最根本的要素是健康，其次是不用别人照顾就能让自己独立和自由的能力。作为处在一端的这些根本要素，与作为处在另一端的荣誉、浮华、地位和名声之间，是不存在竞争或互补的关系的，无论我们会多么看重后者。如果需要，任何人都会毫不犹豫地为了前者而牺牲后者。及早地认识到这样一个简单的道理，即每个人主要的、真实的实体都在自己的皮肤下，而不在别人对自己的看法中，就是说健康、性格、能力、收入、妻子、孩子、朋友、家庭这些有关我们个人生活的真实情况对我们幸福的重要性，要比别人对我们随心所欲的看法多一百倍，可以增加我们的幸福感，否则我们就会很痛苦。如果人们坚持认为荣誉比生命还珍贵，其实就等于在说，与别人的看法相比，自己的存在和安康是不值一提的。当然，这可能只是以下世俗道理的一种夸张说法，即如果想在这世上做出点成绩，就离不开别人对我们的看法。可我现在就要说说它。当我们看到，几乎所有的人倾尽一生，不惜任何代价，千辛万苦地想要得到的东西，归根到底不过是让别人对自己刮目相看时；当我们看到，不仅是职务、头衔和勋章，就连财富乃至知识和艺术，都只是用来实现让别人更尊重自己这个最终目标的时候，难道还不能从这种可悲中看到人类有多愚蠢吗？到处都有这种过于看重别人的看法的错误，根

无论做什么事,我们首先想到的几乎都是别人会怎么说。——叔本华

源可能就在人性本身,也可能源自文明和社会分工。可不管其根源是什么,这种错误总是肆无忌惮地影响我们的所作所为,并能对我们的幸福产生非常不利的影响。从对别人的看法的畏惧和盲从,到让弗吉尼斯将匕首插进他女儿的心脏,或让很多人为了身后的荣耀而牺牲平静、富有、健康乃至自己的生命的那种情感、心理,我们都能看到这一点。这种情感和心理,无疑就是可以控制或支配其同伴的人的手中握着的极为便利的工具,所以我们才会发现,在所有旨在让人性按照其应有的方向发展的培养计划中,维护并增强荣誉感总是占据重要的位置。而说到这种情感对我们在这里谈论的对象——人类的幸福——所产生的作用,就完全是另一回事了。我们倒应该小心地劝阻人们不要太重视别人对自己的看法。然而,日常生活经验告诉我们,这恰恰是人们一直在犯的错误。大多数人最为看重的就是别人的想法,他们更关心别人的想法而不是自己意识中最快、最直接呈现出来的东西。他们把自然次序弄反了:把别人的看法当成了真实的存在物,认为自己的意识是虚幻的东西;把派生的、次要的当成了主要的,认为别人对他们的描述比他们自己的还重要。就是因为想从并不是真的、直接存在的东西那里得到直接的结果,他们才陷入了被叫做虚荣的愚蠢之中。这个词很适合那些没有实在或内在价值的东西。这种人就像守财奴一样,会为了得到手段而忘了目的。

事实上，我们对别人的看法的重视程度和我们为此所做的不懈努力，与我们有理由希望自己得到的任何结果根本不成比例。所以，可以把这种对别人的态度的在意看成是一种每个人都会被遗传的带有普遍性的狂躁症。无论做什么事，我们首先想到的几乎都是别人会怎么说，且生活中将近一半的烦恼和不安都是这个所引起的焦虑。说到底，这种焦虑就是妄自尊大的情感，而过于病态的敏感常常让它受伤。让我们虚荣、做作、炫耀和吹牛的正是对别人会说什么的担心和焦虑，没了这种焦虑，奢侈、排场就会荡然无存。任何形式的骄傲和自豪，无论它们的种类或范围多么不同，归根到底只不过是这种对别人会说什么的焦虑，它让人付出了多少代价啊！连孩子都会骄傲，而尽管人在每个阶段都会骄傲，年老时的骄傲感却最为强烈。这是因为，当无力享受感官快乐时，唯一能占据这块领地的就是虚荣和骄傲了。或许法国人可以担当这方面的表率，这种情感在他们当中是司空见惯的。它有时会表现为最可笑的野心，有时又会以一种荒唐的民族虚荣心和最无耻的自吹自擂的形式出现。可这却是在自己毁自己，因为其他国家的人都拿他们当笑话，并戏称他们为"伟大的民族"。

为了用一个特殊方式来说明人们对别人的看法这种不正常的过度的重视,我想从1846年3月31日的《泰晤士报》上摘一段话,它详细记述了处决托马斯·威克斯的有关情况。威克斯是一名学徒,为了报复而杀了他的师父。这个事例非比寻常,人物也极为特殊,然而却极适合我们的目的。它们合在一起就是一幅有关这种愚蠢的引人注目的画面,它深深地扎根在人性中,并让我们准确无误地听它摆布。报道说,在执行死刑的那天上午:

> 忏悔牧师早早来到威克斯面前,但他很平静,对宗教仪式没什么兴趣,好像只是渴望着能在观看他的无耻下场的人面前表现得勇敢无畏。威克斯轻快地站到了自己在队列中的位置上,当他走进教堂的院子时,他用很大的能让身边的几个人都听得到的声音喊道:"现在,就像多德博士说的那样,过一会儿我就能知道伟大的秘密了。"到了绞刑架前,这个可悲之人竟不用别人的任何帮助,自己登上了绞刑架。当站到中心位置时,他对围观的人鞠了两个躬,这个过程引起了台下乌合之众的热烈欢呼。

这个例子绝妙地说明了,一个人在面对眼前最可怕的死

隐居生活对我们内心的平和极有好处。——叔本华（图为黄公望庐隐居作《富春山居图》之地）

亡和永远地死去时，除了想给漫不经心的人群留下一个好印象、让他们对自己有个好看法之外，什么都不关心。与此很相像的是一个叫勒康普特的人在法兰克福被处决的例子。它同样发生在1846年，他想刺杀国王。在审判他时他恼羞成怒，因为不能衣着得体地出现在上议院。在处决他的当天，他感到特别悲哀，因为不让他刮胡子。这种事并不只是现在才有。马特奥·阿莱曼①在他著名的浪漫小说《古斯曼·德·阿尔法拉切传》的前言部分告诉我们，很多糊涂的罪犯在最后一刻不去做自己应该做的——拯救自己的灵魂，而是在为记住断头台上的演说词作准备。

我把这些极端事例看成是对我想表达的意思的最佳诠释，它们可以让我们看清我们的本性。我们所有人之所以会焦虑、会担心、恼怒、不安、困扰和殚精竭虑，绝大多数情况下可能都是因为担心别人的看法。就这点来说，我们恰恰和那些可悲的罪犯一样愚蠢。嫉妒和憎恨大多也是因为这个。

显然，再也没有比把人性的这种冲动控制在合理范围内更能给予我们幸福——其绝大部分都在于内心的平和与满足——的办法了，可能需要将这种冲动减少到现在的1/50。这样，我们就能拔掉扎在我们肉里的、总是让我们隐隐作痛

---

① 西班牙小说家。

的那根刺。可这是非常难的一件事,因为我们正在说的这种冲动是一种天然的、与生俱来的反常人性。塔西佗①说过:智者最不能舍弃的东西就是对名声的贪欲。停止这种无处不在的愚蠢行为的唯一方法,就是清楚地认识到这就是愚蠢的。可以通过认清一个事实做到这一点,即大部分人的想法都是漏洞百出、颠倒黑白和荒唐可笑的,因而也是不值得关注的,而且别人的看法对我们人生中的大部分事情只能产生微乎其微的真正积极的作用。再者,这种看法通常都是令人不快的,以至于可以让听了别人说自己的话及对应的口气之后的人十分不安。最后,我们还应该清楚地认识到,荣誉本身没有真正的直接价值,只有间接价值。如果人们都能改变这种普遍的愚蠢的做法,就能得到现在看来不可想象的内心的平和及精神的愉悦;就能更坚定、更自信地面对世界,少些难堪与克制。可以看到,隐居生活对我们内心的平和极有好处,这主要是因为这样我们就可以避免总是活在别人的视线里,永远都要在乎别人的指指点点。一句话,这样我们就能回归自我,与此同时,还能免遭大量真正的不幸。而由于拼命地追逐它们的影子,或说得更准确些,由于沉迷于有害无益的愚蠢,我们正在陷入这种不幸之中。所以,我们应该更看重实实在在的真东西并以此为乐才对,不要让眼下的愚蠢干扰我

---

① 古罗马最伟大的历史学家。

们。然而，值得做的事同时也是难做的事。

二、骄傲

我们正在讨论的人性中的愚蠢生发了三个幼芽：野心、虚荣和骄傲。后两者的区别是：骄傲是某人在一些特定方面的至高无上的价值所生成的一种说服力，虚荣则是想让别人知道自己也有这种说服力的一种欲望，且一般都会伴随着一种隐藏着的、希望自己最终也拥有同样说服力的愿望。骄傲源自内部，是直接的自我欣赏。虚荣源自外部，是对间接得到这种欣赏的一种渴求。所以我们会发现，爱虚荣的人会喋喋不休、自鸣得意，还会沉默寡言。他们应当意识到，总是沉默不语比一直滔滔不绝可以更容易、更确定地得到他拼命争取的别人的好评，即使那是很值得一说的好事。因此，假装骄傲的人是骄傲不起来的，他很快就会和其他人一样，丢掉这个自己假冒来的品质。

只有卓尔不群的、特殊的价值所生成的坚实可靠、无法撼动的说服力，才能让一个人拥有真正意义上的骄傲。毫无疑问，这种说服力可能是错误的，或它依据的只是偶然的或普普通通的优点，但只要它是被认真地呈现出来的，它就还是骄傲，所有这些并不会让它减少什么。由于骄傲就是这样

> 最廉价的骄傲就是民族自豪感。——叔本华

根植于说服力之中,所以它就像其他任何形式的知识一样并不存在于我们自己的主观臆断当中。骄傲最大的敌人,我是说它最大的障碍,就是虚荣。虚荣是想招来全世界的喝彩,以便获得必要的根据,来支持对自己的很高评价;骄傲则是建立在业已存在的说服力的基础上。

诚然,一般来说,骄傲总会被人挑剔和贬低,而我猜这些人通常都是没什么可以让自己骄傲的人。鉴于大多数人的恬不知耻和有勇无谋,任何一个有任何一点过人之处的人,最好还是看好自己的过人之处,如果他不想让它被人完全忘记的话。这是因为,如果一个人具有足够好的天性可以忽略自己的特权,并能和其他人的平庸和睦相处,就好像他和他们的水平一样的话,那么他们就一定会坦诚而公平地将他当成他们中的一员。我特别想把这条建议送给拥有最高等级的过人之处的那些人。在我看来,真正的过人之处完全是个人天性上的,它们不会像勋章和头衔那样每时每刻都能被人看到或听到。否则他们就会看到亲昵生狎侮或罗马人曾经说的愚人教智者的那种情况,还会发现,与奴隶开玩笑的人不久就会变成可恶之人,这是一句绝妙的阿拉伯谚语。我们不能不重视贺拉斯说过的话:只享用你能得的名声。毫无疑问,谦虚成了美德是对蠢人非常有利的事,因为每个人都希望被说成是谦虚之人,而实际上这是在降低水准,结果就是世上除了傻瓜之外再没别的东西了。

最廉价的骄傲是民族自豪感,因为如果一个人因他的民族而骄傲,那就等同于说他自己没有可骄傲的资本,否则他就不会借助于需要和千千万万同胞分享的东西去骄傲了。天生拥有重要的个人素质的人,是唯一能够极其敏锐地看出其民族缺陷的人,因为这些缺陷经常出现在他们眼前。所有无以为傲的可悲的傻瓜们都会将他所属的民族当成唯一的骄傲资本,并为之骄傲。他时刻准备着,并愿意竭尽全力去捍卫自己民族所有的缺陷和愚蠢,这样就能弥补他自身的劣势。比如,如果你用应该用的轻蔑口气谈论英语国家的人

> 影响人的不是事物，而是人对事物的看法。
> ——爱比克泰德

愚蠢而卑贱的偏执，就会发现 50 个英国人中几乎没有一个人会赞同你。如果还有一个人的话，那这个人一般都是个聪明人。

德国人没有民族自豪感，这一点说明他们有多诚实，人们有目共睹！而那些用一点儿滑稽可笑的情感装作为自己的国家而骄傲的德意志伙伴们，以及谄媚大众以便误导他们的蛊惑人心的政客们，他们又是多么的不诚实！我听到过火药是德国人发明的说法，我很怀疑。利希滕贝格[①]曾问道：为什么不是德国人的人不想冒充自己是德国人；即使想冒充，他也会去冒充法国人或英国人呢？

---

① 18 世纪下半叶德国的启蒙学者，杰出的思想家、讽刺作家、政论家。

无论如何，个性比民族性重要得多，某个人的个性更值得被给予千百倍的重视。另外，因为在不涉及一大群人的情况下是不可能谈民族性的，所以你不可能在大唱赞歌的同时保持诚实。民族性只是每个国家的人都会有的渺小、反常、卑贱这种特别的表现方式的另一个称谓。如果我们讨厌一国的民族性，我们就会夸奖另一国的民族性，直到我们对它也讨厌了为止。每个国家都在嘲笑另一个国家，而所有的嘲笑都是对的。

我已经说了在这章中我们会分析我们在这个世界里所扮演的角色，或者说我们在别人眼里是什么。可以从荣誉、地位和名声三个方面作进一步分析。

三、地位

先说说地位吧，因为三言两语就可以说完，尽管大众和俗人认为它很重要，并且是国家机器中最有用的部件。

但是它完全是个世俗的、普通通通的东西，严格说来是个假冒的东西，为的就是索要生生造出来的尊重。所以实际上，整件事只不过是场闹剧。

可以说勋章是提取公众舆论的汇票，衡量其价值的标准是出票人的信誉。当然，作为抚恤金的替代品，它可以为国家省一大笔钱。此外，如果可以审慎、公正地颁发勋章，它还能发挥极为有益的作用。因为，大众长了眼睛和耳朵这是不假，但除此之外就没多少东西了，他们实在太缺乏判断力乃至记忆力了。国家所提供的很多服务都远远超出了他们的理解范围，虽然他们能理解其他一些服务，也会暂时去从事它们，但很快就会忘掉它们。所以在我看来，十字勋章或星章就应该被用来时时处处地告诉大众：这个人和你不一样，他是做了一些事的。一旦发放过程中出现了不加选择地颁发或滥发等不公平的事，勋章就失去了价值。国君在授勋时应该和商人签支票时一样认真。任何一枚勋章上所刻写的字样——鉴于你杰出的贡献——都是多余的，因为每一枚勋章就该颁发给有杰出贡献的人，这是不言而喻的。

四、荣誉

荣誉这个问题比地位大得多，也更难讨论，我们先试着给它下个定义。

如果我说荣誉是外在的良心，良心是内在的荣誉，很多人一定会赞成我的。但就这个定义而言，表象多于真实，并且几乎触及不到事物的本质。我更愿意说，客观上，荣誉是别人对我们自身价值的看法；主观上，荣誉是我们对这种看法的重视。就后一点来说，要想成为一个荣誉之人，就要能产生总是非常有益的但绝不是完全道德的影响。

每一个还没有完全堕落的人都会有荣誉感和羞耻感，并且不管在哪里，荣誉都是一种特别有价值的东西，原因有以下几个。一个人只靠自己是做不了多少事的，就像荒岛上的鲁宾逊，只有在社会中，人的能力才能被完全调动起来。一旦他的意识开始增长，他很快就会认识到这一点，这样一来，他的内心就会生出一种希望被看成是对社会有用之人的欲望，就是说，希望被看成是能够发挥其作为一个人的作用，因而也有权得到社会生活中的好处的人。那么，要想成为社会的有用之人，一个人必须做两件事：首先，任何人在任何地方都该去做的事；其次，自己在世间的特殊地位所需要的也必须去做的事。

可他很快就会发现，所有决定他成为有用之人的事情并不在于他怎么看，而在于别人怎么看，所以他要竭尽全力地给他如此依恋的这个世界留个好印象。从此就有了这种基本的、与生俱来的、被叫做荣誉感的或在另一方面被叫做羞耻感的人性。正是这种东西让人一想到要失去别人的尊重就会脸红，即使他知道自己很冤枉，甚至即使自己的不小心绝不

女孩子憧憬着童话般的愿景,殊不知现实的阴影正紧随其后。

是自己的责任，只是对不起自己对自己的要求，他也会脸红。相反，人生中的任何事情都不能像得到或重新得到别人对自己的肯定那样，可以给予一个人如此之大的勇气，因为这意味着大家都会来帮助他、保护他，这种保障可是比他自己为避免生活中的不幸所能做到的要坚固得多。

一个人为了得到别人的信任——也就是说为了得到他们的好评——所能维系的各种关系导致了几种不同的荣誉，这种不同主要在于我给你的东西的不同，或者各种保证、誓言的表现和作用的不同，最后就是两性关系的不同。这就有了三大类形式各不相同的荣誉——民誉、官誉和两性关系上的荣誉。

民誉涉及的范围最广，它基于一个假设，即我们会无条件地尊重别人的权利，因而绝不会用不公正或不合法的手段得到自己想要的东西。这是所有人与人之间的和睦相处的前提条件，也是可以被任何公然阻碍这种和睦相处的事毁掉的东西，这些事应该就是所有会受到法律惩罚的事，假如惩罚总是公正的话。

从根本上说，荣誉就是对道德品质是不可更改的这一点所出具的证明。一个恶意的举动意味着，在类似的情况下，将来的同类举动也一定是恶意的。英文中表示信用、声誉和

一旦荣誉扫地,就再也找不回来了。——叔本华

荣誉的品格一词很好地表达了这一点。因此,一旦荣誉扫地,就再也找不回来了,除非是因为某种错误而失去的荣誉,如被人诽谤或被人误解。所以,法律可以纠正诽谤、中伤乃至侮辱,因为即使侮辱也不过就是辱骂,是摒弃了理智的随意诽谤。可以用一句希腊语来很好地表达我的意思:辱骂就是诽谤[①],这可不是在引用别人的话。的确,如果一个人辱骂另一个人,这正好表明他指责那个人时并没有真正的、确实的理由,因为如果不是这样,他就会把这些当成假设,让他的听众们自己得出结论。可他没这么做,他自己给出了结论,丢掉了假设,并相信人们会认为,他之所以会这么做只是为了简单明了。

---

① 原文为希腊文。

民誉本身以及这个名称都产生于中产阶级,但适用于所有阶层,上流社会也不例外。没人能轻视民誉,它是每个人都应该提醒自己不要轻视它的一件非常严肃的事。一个人一旦失去了信任就永远地失去了,无论再做什么,无论他是谁,都是这样,这种失去信任的苦果是永远躲不掉、逃不开的。

说荣誉有着与名声的肯定性正好相反的否定性是有道理的,因为荣誉并不是人们对一个人碰巧拥有的出众的特殊品质的看法,而是他们对一个人可能会展现出来的、他的表现应该不会与之不符的品质的看法。所以,荣誉意味着一个人并不是非凡的,名声却意味着这个人是非凡的。名声是必须赢得的东西,荣誉则只是一定不能失去的东西。没有名声意味着默默无闻,这只是一种否定而已,但失去荣誉则意味着耻辱,这却是一种肯定。一定不能把荣誉的否定性混同于消极的东西,因为荣誉毕竟在积极地发挥着自己的作用,它只是一种品质,这种品质直接来自于展现它的那个人,它所涉及的全都是一个人做什么和不做什么,与别人的举动或他们对他的妨碍没有任何关系,它是一种完全取决于我们自己的能力的东西。正如我们所见,正是这种特性将真正的荣誉与骑士精神的虚假荣誉区分开来。

诽谤是唯一一种可以对荣誉进行无端攻击的武器,反击

白头发总能赢得人们天生的、本能的敬意。——叔本华

这种攻击的唯一方法是用合适的公开度来驳斥诽谤,并适当地揭下诽谤者的面具。

人们之所以会尊重老人,是因为老年人的一生已经表明了他是否有能力让自己的荣誉清白无污,而年轻人却无法证明这一点,即便可以相信他们也能做到。无论是年龄大(较低级动物的寿命甚至更长)还是经验多(一种仅仅是更了解世俗方式的知识),都不能成为要求年轻人在任何地方都要尊重老年人的充分理由。因为如果只是年龄问题,那么老年人身上的弱点反倒应该让人重视,而不是尊重。然而,一个明显的事实却是,白头发总能赢得人们天生的、本能的敬意,而更加确切的年老标志——皱纹——却得不到一点儿敬意。从没听人说过令人肃然起敬的皱纹,倒是常常听说令人肃然起敬的白发。

荣誉只有一种间接价值,因为就像我在这章的开头解释的那样,别人怎么看我们,即便完全能影响我们,其影响也只能是在他们能支配它对我们做什么的范围之内,并且只有当我们和他们生活在一起或不得不与他们打交道时它才能影响我们。可是,在一个文明的国度里,我们的生命、财产安全都有赖于社会,无论做什么我们都需要别人的帮助,别人在为我们做任何事之前也一定要先相信我们才行。所以,他们对我们的看法有着间接的重要作用,尽管我看不出它有什么直接或即刻就有的价值。西塞罗也这么认为,他写道:我十分赞成克里希波斯和第欧根尼曾经说过的话,即如果美名不是那么有用的话,就不值得花哪怕一丁点的气力去得到它了。爱尔维修[①]在他的主要著作《论精神》里用很长的篇幅坚决主张这一真理,他的结论是:我们并不是为了被人尊重而喜欢被人尊重的,我们完全是冲着它所带来的好处去的。由于手段永远不如可以生出很多东西的目的重要,所以,正像我已经说过的,荣誉比生命还珍贵的说法是极为夸张的。既然这样,关于民誉的话就说到这儿吧。

官誉是有关担任任何官职的人是否真的具备履行其所有

---

① 法国启蒙思想家,18世纪法国唯物主义哲学家。

职责的必要素养的普遍看法。一个人为国效力所必须履行的职责越大、越重要，他所担任的官职就越高，势力就越大，人们对他的官职所应具备的道德和知识素养的看法就越强烈。因此，一个人的地位越高，通过头衔、勋章，以及别人对他普遍的阿谀奉承、卑躬屈膝而表现出来的他所享有的荣誉就越高。一般来说，官衔意味着他应得到哪个等级的荣誉，无论大众认知官衔的重要性的能力可以在多大程度上改变荣誉的等级。还有，事实上，更高的荣誉都给了担负特殊职责的人，而不是普通公民，他们的荣誉主要就是没有让自己不荣誉。

官誉还要求担任官职的人一定要为了他的同僚和下属而敬重官誉。官员要想留住这份敬重，可以通过忠于职守和抵御任何可能针对官职本身或为官者本人所发起的攻击。例如，他一定不能忽视任何可以导致职责履行不当，或他那个职位并没有带来公共福利的没被注意到的言行，他一定要通过法律对它们的惩处来证明这种侵害的不合法性。

那些用别的能力服务于国家的人，如医生、律师、教师，总之任何毕业于任何专业或通过任何公开方式宣称自己有资格运用某一特殊技能、声明要去使用它的这些人——一句话，所有发过任何公共誓言的人——的荣誉是从属于官誉的。这个名目下有军人的荣誉，从真正的意义上说，军人的荣誉就是这样一种看法，即决心保卫国家的人的确具有让他们能这么做的必要品质，特别是在胆量、个人勇气和体力方面，他们完全做好了誓死保卫国家的准备，而且在任何情况下都对得起他们曾发誓效忠的旗帜。我这里所说的官誉比一般意义上的、名为公民对官职本身所给予的应有敬重的官誉要宽泛些。

说到性别的荣誉以及它所依据的原则，多一点关注和分析还是有必要的，而且我所要说的会支持以下观点，即所有的荣誉其实都建立在功利主义的基础上。可以很自然地将性别荣誉分为女人的荣誉和男人的荣誉，每一方都有一种不言自明的群体精神。到目前为止，女人的荣誉更重要些，因为妇女生活最本质的特点就在她和男人的关联性上。

女人的荣誉就是有关女孩的纯洁和妻子的忠贞这一普遍看法，这种看法的重要性取决于以下考虑：在人生所有的事情上，女人都是依靠男人的，而男人可以说只在一件事上依靠女人。所以就有了相互依存这种安排，即男人负责满足女人的所有需求，还要对他们共同生育的孩子负责。整个女性种群的福祉都是在此基础上的安排。为了实施这一方案，女人必须靠一种群体精神团结在一起，并在她们共同的敌人——拥有世间所有美好的东西、体力超群、心智过人的男

> 在人生所有的事情上,女人都是依靠男人的,而男人只在一件事上依靠女人。
> ——叔本华

人——面前同仇敌忾,目的是包围并征服他们,因而占有他们并分享这些美好的东西。为了这个,任何一个女人的荣誉都取决于这样一个强制性规则,即除了结婚,任何一个女人都不应该把自己交给一个男人,这样一来,任何一个男人都会像通常做的那样,被迫就范并与女人结合,通过这种安排就定下了有利于整个女性种群的条款。然而,只有严格遵守这个规则才能达到这个目的,所以,每个地方的女人都能真正表现出群体精神并小心地维护着它,任何一个表明要破坏这个规则的女孩都是对整个女性种群的背叛,因为如果每个女人都这么做,那整个种群的福祉就会被毁掉。所以,这样的女孩会像失去了荣誉的人一样,同自己的耻辱一起被赶出女性种群,没有一个女人会再和她来往,她就像瘟疫一样被她们躲着。解除婚姻关系的女人也会遭受同样的厄运，因为这么做就是对男人的投降条款的不忠，而且她这种行为会让其他男人不敢做出类似的投降举动，而这是会危及她所有姐妹们的福利和福祉的。不仅如此，这种欺骗性的粗俗的背信弃义还是一种该受到惩罚的罪行，不仅有个人的损失，还会丢掉民誉。这就是为什么我们不会很在意少女的耻辱，但对妻子的耻辱就不这么看了。因为对少女来说，婚姻就可以恢复其荣誉；可对妻子来说，任何东西都不能补偿她对婚约的不忠。

一旦人们承认群体精神是女人的荣誉的基础，并且认为它是有益的，甚至是为了根本就是审慎、有利的一件事而做的必要安排，人们就会认识到它对女人的福祉的极大重要性。可除了相对价值之外，它并没有其他价值。它不是超乎所有其他生存目的且比生命本身更重要的纯粹的目的。从这点来看，被迫的、过分的贞女行为并没什么好夸赞的，这种行为很容易退化为不幸的闹剧，并引发可怕的厌恶感。例如，艾米利亚·迦洛蒂①的结局让人在离开剧院时浑身不自在。另一方面，有关女人的荣誉的所有规则也不能阻止人们对《艾格蒙特》②中的克拉拉表示某种同情。太看重女

---

① 德国五幕剧。
② 歌德所著悲剧，贝多芬配写序曲。

任何一个表明要破坏这个规则的女孩都是对整个女性种群的背叛。——叔本华

人的荣誉就是在忘记目的而只考虑手段,而人们经常做的却正是这个。这种过分强调等同于说性别荣誉具有绝对价值,事实却是,它比任何其他东西都更具有相对价值。当看到从托马西乌斯①的时代到宗教改革年代,各个国家的法律是如何认可、准许不规矩的事,而这并没有损害女性的荣誉,更不用说巴比伦的米利塔神庙②时,人们就可能会说性别荣誉的价值完全是习俗上的了。

当然,公民生活中的某些因素还是可以使婚外恋行不通的,特别是在不准许离婚这种事的天主教国家。我认为,从道德的角度来说,任何统治一切的君主最好能摒弃所有地位悬殊的婚姻,因为如果合法继承人不巧死了,这桩婚姻的后代就可能要求继承王位。所以,尽管可能性也许很小,这种婚姻还是有可能引发内战的。此外,这种蔑视所有外在仪式的婚姻还是对女人和牧师的让步,他们是人们唯恐避之不及的两种人。另外,可以说每个国家的男人都可以迎娶他挑的女人,只有一个可怜的男人除外,那就是君主。他属于他的国家,并且只能为了国家,就是说只能为了国家的利益而结

---

① 德国理性主义哲学家。
② 据古希腊历史学家希罗多德所述,巴比伦的性风俗是:巴比伦女人将贞操当着米利塔(巴比伦人所崇拜的丰饶和生育女神)的面献给神———一位陌生男子。

婚。尽管如此,他还是一个人,而作为一个人,他是愿意按照自己的意愿行事的。所以,禁止或试图禁止君主在这方面按自己的意愿行事是不公平的、费力不讨好的、自以为是的,只要那位女士影响不了那个国家的政府就行。对她来说,她拥有了独一无二的地位,所以也就不用遵守性别荣誉的普通规则,因为她只是把自己给了一个爱她、她也爱但却不能结婚的男人。总的来说,很多关于孩子被谋杀和母亲自杀的血淋淋的事件已经证实了,女人的荣誉的准则实际上是毫无根据的,违反了这一准则的女孩子无疑是在用对信仰的不忠与整个女性种群作对。可这种信仰只是心照不宣的,并没人发誓要忠于它。由于在大多数情况下这会立即影响她的前程,所以她的愚蠢会远大于她的罪过。

与之相对应,男人的美德是我一直在讨论的女人的荣誉的产物,这就是男人的群体精神。这种精神要求,男人一旦让自己屈从于对他的征服者极为有利的婚姻,就要仔细地维护婚姻条款,以便让合约本身不会因任何疏于坚守而完全失效,并至少确保放弃了一切的男人所提的条件万无一失,也就是确保他们可以得到属于自己的那部分财产。所以,对妻子一方破坏婚姻关系的行为表示愤慨,最少也要通过和她分开来惩罚这种行为,这也是男人的荣誉的一部分。如果他宽恕了这种行径,他的男性同胞们就会羞辱他。可这种耻辱并不像失去了女性荣誉的女人的那种耻辱那么可恶,这种污点绝没有染料那么深的颜色,因为男人和女人的关系从属于他的生活中很多其他的更为重要的关系。两位伟大的现代激情诗人都将男人的荣誉作为各自所写两部戏剧的主题:莎士比亚的《奥赛罗》和《冬天的故事》,以及卡尔德隆①的《医生的荣誉》和《以牙还牙》。然而,应该说的是,这种荣誉只需对妻子作出惩罚,如果对她的情夫也惩罚就不是这种荣誉该干的事了。这也证实了我的观点,即男人的荣誉源自群体精神。

到目前为止我一直在讨论的这种荣誉,总是以各种各样的形式和原则存在于各个国家和各个年代,尽管女人的荣誉的历史表明,其原则在不同时期有过某种地方性的改变。可是还有和这种荣誉完全不同的另一种荣誉,这是一种希腊人和罗马人不知道的荣誉,也是时至今日中国人、印度人和伊斯兰教徒仍一无所知的荣誉。这种荣誉只产生于中世纪,只是欧洲基督徒固有的甚至只是极少部分人的荣誉,就是说只是上流社会和模仿他们的人的荣誉,这就是骑士荣誉。骑士荣誉的原则和到目前为止我一直在说的那种荣誉的原则极为不同,某些方面甚至完全相反。这是一种我认为可以生出

---

① 西班牙著名剧作家。

誓死捍卫荣耀的堂吉诃德骑士。

傲慢的荣誉，而另一种荣誉生出的是男人的荣誉。正因为如此，我将对其原则——衡量或反映骑士风度的准则——做些解释。

（1）首先，这种荣誉并不存在于别人对我们自身的价值的评判中，而完完全全地取决于他们是否表达自己的看法，这和是否真有看法无关，和是否知道为什么这么看就更没关系了。别人可能会对我们的所作所为极为反感，还会极力鄙视我们，但只要没人敢表达他的这种看法，我们的荣誉就不会有什么损失。所以，如果我们的行为和品格使得别人不得不给予我们崇高的敬意，让他们别无选择，只能这样尊敬我们,那么只要有人对我们表示了某种轻视,不管这个人有多坏多蠢,我们的荣誉就受到了侵犯,甚至永远地失去了荣誉,除非我们有能力恢复它。再多说一个事实,可以证明我所说的骑士荣誉不在于人们想什么,而在于他们说什么,即侮辱是可以被收回的,如果需要,侮辱还可以成为道歉的主题,就好像它们从未出现过一样。而恶语中伤背后的看法是否已经被修正,以及为什么要这么侮辱人绝不是什么重要问题,只要侮辱的言辞被收回了,一切就都好了。事实上,这么做并不是为了赢得尊重,而是为了勒索尊重。

(2)其次,这种荣誉靠的不是一个人做了什么,而是一个人遭遇过什么挫折。和其他所有荣誉不同的是,它靠的不是一个人自己说了什么或做了什么,而是别人说了什么或做了什么,这个人的荣誉也因此取决于每个人的嘴下留情。如果他们对此进行攻击,那么这种荣誉顷刻之间就会化为乌有,除非受攻击的人能想方设法通过我现在就要讲的一个会危及他的生命、健康、自由、财产和内心平和的过程为自己拨乱反正。一个人所有的行为可能是最正派、最高贵的,心灵可能是最纯洁的,心智可能是最高等的,但他的荣誉却可能在任何一个以侮辱他为乐的人出现时消失得无影无踪。不管他是最不值一提的流氓、无赖,还是最蠢的畜生、混混儿、赌徒、欠债人,总之是一无是处的人,这些人自己是根本不会

两位现代骑士在模拟决斗。

违反骑士荣誉的守则的,可是喜欢侮辱人的往往就是这帮家伙,因为正如塞涅卡①所说,一个人越卑鄙、可笑,他就越多嘴多舌。他最可能侮辱的人正是我描述过的那种人,因为志趣不同的人永远成不了朋友,而且技艺超群、功高盖世总会激起无用之人的无名火。歌德在《西东诗集》里说得很对:如果你整个人就是对敌人们永远的指责,那么埋怨他们是没有用的,因为他们永远成不了你的朋友。

显然,这种一无是处之人太有理由感谢骑士荣誉的原则了,因为它让他们能和在其他所有方面都超过他们的人平起平坐。事实上,如果一个家伙就是喜欢侮辱人,例如说某个

---

① 古罗马政治家、哲学家、悲剧作家、雄辩家、新斯多葛主义的代表。

人品质恶劣，这就是在把初步印象当做理由充分的看法和具有法律效力的法令，甚至是永远公正、有效的判决，除非人们用鲜血推翻它。换句话说，被侮辱的人在所有荣誉之人的眼里就成了侮辱者想怎么说就怎么说的那种人了，即使侮辱者是世上最卑鄙的人，因为被侮辱者容忍了这种侮辱，我是这么认为的。这么一来，所有荣誉之人就再也不会和被侮辱者来往了，他们会把他看成是麻风病人，还可能不去任何一个他会出现的地方，等等。

我觉得这种聪明的举动可以回溯到中世纪到15世纪的一个事实：在任何刑事诉讼中，原告不需要证明被告有罪，被告则必须证明自己清白。他可以通过发誓，说自己无罪来证明自己的清白，他的支持者们也必须到庭并发誓，说他不可能提供伪证。如果他一个支持者都找不到，或原告对他的支持者进行了反驳，就要借助上帝的审判了，这通常意味着决斗。因为这样一来，被告会变得很不光彩，而他又必须澄清自己。于是就有了耻辱的概念，以及盛行于今天所有荣誉之人中间的整个耻辱制度，只是省去了誓言。这也是为什么荣誉之人在被要求证明他们没有说谎时会怒火中烧，因为这是一种他们发誓要用鲜血去雪耻的指责。尽管谎言无处不在，但却很少出现在这里。在英格兰，这就表现为一种根深蒂固的迷信行为。一般来说，威胁要杀死说谎之人的人自己是绝不会说谎的。事实上,中世纪的刑事审判就采用了一种简短的方式。在回应指控时,被告会说那是谎言,剩下的就交给上帝的审判了。因此,骑士荣誉守则规定,一旦有人说谎,就应当诉诸武力解决。有关侮辱的理论就说到这里。

但是,还有比侮辱更坏的东西。这种东西很可怕,以至于在谈到它时,我必须先得到所有骑士荣誉守则下的荣誉之人的极大谅解才行。因为我知道,一想到这件世上最邪恶、比死亡和诅咒还坏的事,他们就会发抖,头发也会竖起来。这就是一个人给另一个人的一记耳光或一拳头。这是让人极不舒服、绝对可以给所有荣誉带来致命打击的事情,因为别的侮辱所带来的伤害可以借助流血来治愈,而这种侮辱所带来的伤害只能靠致命一击来治愈。

(3)骑士荣誉与一个人本身或他的道德品质是会变好还是变坏,以及所有类似的学究式质疑没有任何关系。如果你的荣誉受到了侵犯或岌岌可危,那么只要能迅速采用一种通行的补救方法——决斗,很快就能完全恢复荣誉。而如果侵犯者不属于认可骑士荣誉守则的阶层,或他本人曾违反过这种准则,那么不管是用拳头还是用语言,都是一种更为安全的方法来回击任何侵犯你的荣誉的行为。如果你有武器,就能当场,也许一小时后,击倒你的对手,这样就能恢复你的荣誉了。

如果因为害怕出现任何不愉快的结果，或并不确定侵犯者有没有遵守骑士荣誉守则，因而想避免采用这种极端方式的话，还有一个可以让你处于有利地位的方法，那就是以牙还牙，也就是用更粗野的方式回击粗野。如果侮辱的言辞也无济于事，那你可以试试用拳头，这是挽回你的荣誉所采用的一种极端方式。比如有人给了你一耳光，你可以给他一棍子；有人给你一棍子，你就抽他一鞭子。为了回敬别人的一鞭子，有人会建议你往他身上吐唾沫。可如果这些招数都不管用，你就一定不能怕流血。之所以会用这些方法来雪耻，都是因为接下来的这条准则。

（4）接受侮辱是不光彩的，而给予侮辱则是荣耀的。我们举例来说。真理、公正和理性都站在我的对手一边，好啊，那我就侮辱他。这样一来公正和荣誉就会离开他那边来到我这边，现在，他已经失去它们了，除非他能不靠公正或理性，而是朝我开枪和用棍子打我来夺回这些。因此，说到荣誉，粗野是可以替代其他所有素质并比它们都重要的一种素质。最粗野的人总是对的，你还想要什么呢？不管一个人有多蠢、多坏、多缺德，如果他只会粗野，那他所犯的错就都是合法的，都能得到宽恕。在任何讨论或谈话中，如果有人比我们

接受侮辱是不光彩的,而给予侮辱则是荣耀的。——叔本华

知识更多、更热爱真理、更明智、理解力更强,或其心智让我们相形见绌,我们立刻就会去抹杀他的卓尔不群以及我们的肤浅,并通过侮辱和冒犯他以使我们超过他,因为粗野胜过任何辩驳,它完全能盖过才智。如果我们的对手并不在意我们的侵犯方式,也不会用更粗野的方式回击,目的是不让我们陷入可耻的以牙还牙的争斗中,那我们就成了胜利者,荣誉也归于我们。真理、学识、理解力、才智和机智一定会溜掉的,占领这块地方的只有这种极度的傲慢无礼。

对于荣誉之人来说,如果有人提出的观点与他们相反,或表现得比他们尽其所能去表现的更有智慧,他们就会立即跨上战马表现一番。而且在任何争论中,如果他们理屈词穷、无言以对,他们就会四处寻找粗野这种得心应手的武器,这样他们就能击退占上风的人了。有一点十分明显：人们因为骑士荣誉的这个原则让社会风气变得崇高了而赞赏它，这是非常正确的。这个原则源自于构成整个骑士荣誉守则的核心及灵魂的另一个原则。

（5）根据骑士荣誉守则，一个人在荣誉问题上和另一个人产生了任何分歧之后，其所诉诸的最高裁判场所就是体力的较量，即野蛮行为。严格地说，所有的粗野都是对野蛮的求助，因为这等同于宣告心智的力量和道德的思考是无能为力的，一定要通过体力上的争斗来裁决。对于被富兰克林①定义为制造工具的动物的人来说，裁决这种争斗的是种群所持的武器，而且判决是不可更改的。这就是众所周知的强权即公理原则，当然，就像说大智若愚一样具有讽刺意味。所以，可以把骑士的荣誉叫做强权的光荣。

（6）正如前面所说，如果说民誉对我的还是你的这事十分谨慎，并且非常看重责任和曾经许下的诺言，那么我们正在探讨的准则就从另一个方面告诉我们什么是最高贵的慷慨。唯一一个可能不会被违背的诺言，就是像人们所说的——我用我的荣誉担保这样许下的荣誉的诺言。我们当然可以由此

---

① 18世纪美国最伟大的科学家和发明家，著名的政治家、外交家、哲学家、文学家和航海家，美国独立战争的伟大领袖。

推断，任何其他形式的诺言都有可能被违背。不仅如此，如果情况糟得不能再糟，那么我们还是会因此而违背荣誉的诺言的。不过，通过采用通行的补救方法——决斗——与一再坚持我们发过誓的人干一仗，我们仍能保住自己的荣誉。另外，有一种债，并且只有这种债是无论如何都不能不还的，这就是赌债，因而已经被叫做荣誉债。对于任何其他种类的债，你是有可能肆无忌惮地欺骗犹太人和基督徒的，而这并不会让你的骑士荣誉沾上任何污点。

不带偏见的读者们一眼就能看出，这个荣誉准则是多么的奇怪、野蛮和荒唐，因为它既不出自于人性，也根本保障不了人类的健康发展。它极有限的作用只是用来加深一种荣誉感，那种只限于中世纪以来的欧洲，只有上流社会、官员、士兵及模仿他们的人才会有的荣誉感。希腊人和罗马人都不知道这个荣誉准则或原则，古代或现代高度文明的亚洲民族也不知道。他们只知道我最先讲到的那种荣誉，一种凭借一个人的所作所为，而不是饶舌之人的妄加评论而得到的荣誉。他们认为，一个人说的或做的可以影响自己的荣誉，但却不会影响别人的荣誉。对他们来说，踢一下就是踢一下，马或驴可能踢人更狠。在某种情况下，被人打可能会让人很生气并促使他立即报复，可这和荣誉无关。没人会总记着被人打的事、被人侮辱的话或者对此所进行的不得已的报复。至于说到个人的勇敢和视死如归，古人的确不逊于欧洲的基督徒。希腊人和罗马人绝对是英雄，如果你愿意这么想的话，可他们对荣誉一无所知。即使他们知道什么是决斗，决斗也是与他们高贵的生活完全无关的。它不过就是唯利是图的角斗士、专事屠宰的奴隶和判了刑的罪犯的一种展示。他们轮番地与野兽搏斗，好让罗马人在假日里消遣。基督教出现后，角斗士的表演被废除了，取而代之的是决斗。在基督教时代，决斗成了一种借助上帝的审判来解决争端的方法。

如果说角斗士的搏斗是为了当时流行看壮观场面而做出的一种残忍牺牲的话，那么决斗就是为了时下的偏见而做出的残忍牺牲。这不是罪犯、奴隶或囚徒做出的牺牲，而是高贵的人和自由的人做出的牺牲。

古人性格中的大量特征说明，他们完全没有这些偏见。例如，一位条顿人[①]首领要求与马略[②]决斗。马略回复说，如果他活腻了，可以自己去上吊。同时，马略还让一名老练的角斗士和这位首领进行了一两个回合的决斗。普鲁塔克[③]在

---

① 古代日耳曼人中的一个分支，公元前4世纪时大致分布在易北河下游的沿海地带，后来逐步和其他日耳曼部落融合。后世常以条顿人泛指日耳曼人及其后裔，或者直接以此称呼德国人。
② 古罗马统帅、政治家。
③ 一位用希腊文写作的罗马传记文学家、散文家，柏拉图学派知识分子。

嫉妒的冷嘲热讽中有一种很尖锐的东西,就连智慧、富有的人也会深受其苦。——西塞罗

记述地米斯托克利①的生平时写道：优里比亚德，当时的海军总司令，曾举起手杖要打地米斯托克利，但地米斯托克利并没有拔剑还击，而只是说：你打吧，但得听我说。如果读者是个信奉骑士荣誉的人，一定会因为发现我们并不知道一旦地米斯托克利那么做了，雅典的全体士官就再也不会为他效力而感到难过的。一名现代法国作家宣称，如果有人认为狄摩西尼②是一位可敬之人，那么他的无知一定会让人发笑的。另外，西塞罗也不是什么正人君子！柏拉图哲学家在《法律篇》中的某个段落详尽地论述了"攻击"，他十分清楚地告诉我们，古人根本就没有把这种事与荣誉感联系在一起的概念。苏格拉底的言论经常会遭到别人的反唇相讥，而他对此却心平气和。例如，一次有人踢了他，他面对侮辱所表现出来的容忍让他的一个朋友大吃一惊，他说："你是不是觉得，如果一头蠢驴恰巧踢了我，我就应该憎恨它？"还有一次，有人问他："那家伙难道不是在辱没你吗？"他答道："不，他没说我。"斯托伯乌斯从《穆索尼斯》中摘取了很长一段文字，从中我们知道古人是如何面对侮辱的。他们所知道的唯一一种补偿方式就是法律提供的补偿方式，可就连这种方式也会遭到明智之士的鄙视。如果一个希腊人被人打了一个耳光，那

---

① 古希腊雅典民主派政治家、统帅。
② 古希腊最伟大的政治家、演说家和雄辩家，希腊联军统帅。

他可以在法律的帮助下得到补偿。柏拉图在他的《高尔吉亚篇》里引述过苏格拉底对此的看法。同样的事也发生在格利乌斯①所说的一个叫卢修斯·维拉修斯的人身上。在没有遭到任何挑衅的情况下,这个人竟肆意地朝一些路人的脸上扇耳光。为了避免日后的任何后果,他让他的奴隶带上一袋子小钱,作为微不足道的罚金派发给在场的、被他的行为弄得目瞪口呆的人。

大名鼎鼎的犬儒学派哲学家克拉特斯就挨过音乐家尼克德罗莫斯的一记耳光,他的脸肿了起来并变得紫黑。于是他在自己的额头上贴了个帖儿,上面写着:尼克德罗莫斯的作品。这对于这位长笛演奏家来说堪称奇耻大辱,因为他竟如此野蛮地对待被所有雅典人奉若神明的人。在写给麦勒西普的一封信里,赛诺普的第欧根尼告诉我们,他挨了一帮喝醉了的雅典青年的一顿打,可他又说,这不是什么大事。塞涅卡在他的《论心灵的安宁》的最后几章里对侮辱进行了详细的论述,目的是告诉大家,聪明人根本不关心侮辱一事。他在第14章中写道:如果一个聪明人挨了打,他会怎么做呢?当有人给了加图②一个嘴巴,他又是怎么做的呢?既不怒火中烧也不报仇雪耻,甚至都不还手,只是置之不理。

---

① 罗马帝国时期的作家。
② 罗马共和国时期的政治家、国务活动家、演说家。

是的，你会说："可他们都是哲学家呀。"难道你就是傻瓜吗？的确如此。

显然，古人根本不知道什么骑士荣誉守则。理由很简单，即他们总是自然地、不带偏见地看待人世间的事情，也不让自己受任何邪恶、可恶的愚蠢行径的影响。对他们来说，脸上的一巴掌就是一巴掌，只是身体受了点儿伤，没有别的什么东西，而现代人则会小题大做，把这当成悲剧的主题，就像高乃依①的《熙德》，或者最近一部描写中产阶级生活的德国喜剧《环境的力量》——应该把它改为《偏见的力量》才对。如果巴黎国民议会的一位议员挨了一记耳光，那么这事就会传遍整个欧洲。这些出现在古典时代的例子可能并不符合荣誉之人的思想，所以，我要给他们推荐狄德罗②的名著《宿命论者雅克和他的主人》，书中德斯格朗先生的故事可作为解毒药。它是现代骑士荣誉制度的绝妙例证，他们也一定会认为这个故事既有趣又有教育意义。

我所说的十分清楚地表明了，骑士荣誉守则并非出自人性中根本的、自然而然的东西，它是人为的东西，其根源也不难被发现。显然，它是从中世纪开始有的，那时候人们用

---

① 法国剧作家。
② 18世纪法国唯物主义哲学家、美学家、文学家，百科全书派代表人物，第一部法国《百科全书》主编。

游人在神庙前驻足凝视。

拳头多过用大脑,神权束缚人的心智,且非常推崇骑士制度。在那个时代,人们不仅会让万能的上帝关照他们,还会让他为他们做出裁决。一旦让神裁法,即上帝的审判,来仲裁疑难案件,那么除个别情况之外,就意味着要进行决斗。贵族如此,普通百姓也是一样。莎士比亚在《亨利六世》[①]中对此作了巧妙说明。所有的司法判决都要以武力——也就是好像更高一级法庭的上帝的审判——为准,这的确意味着体力和身体活动——也就是我们的动物本性——篡夺了法官席上的理性的位置,并且在判定事情的对错时,不看一个人做了什么,而看与他对抗的武力有多强大。事实上,这种制度与盛行到今天的骑士荣誉原则是相同的。这确实就是现代决斗的

① 第二幕第二场。

起源,如果有人怀疑这一说法,那就读读 J.B. 米林根的杰作《决斗史话》吧。不仅如此,你还会发现这个制度的支持者通常都是些没受过最好的教育、思想不深刻的人,他们认为决斗的结果才是对争端的神圣判决。显然,这是传统看法起作用的结果。

撇开骑士荣誉守则的起源问题,现在我们一定会清楚地认识到,这个准则的主要目的,就是用武力威胁的方式来勒索表面上的尊重,而人们认为在现实中很难得到这种尊重,而且也没必要。这种行为就好比你为了证明屋子很暖和而用手握着温度计,这样温度就升高了。事实上,问题的核心在于:旨在和平共处的民誉源自别人对我们是否值得完全信任的看法,因为我们绝对会尊重他们的权利;另一方面,骑士荣誉守则却规定我们要令人生畏,这就要求我们要不惜一切代价地捍卫我们自己。

由于不能过于相信人类的正直与诚实,所以,如果我们生活在每个人都必须保护自己并直接捍卫自己的权利的自然状态中,那么让人害怕比让人信任更重要这一原则可能并没什么错。但在国家会保护我们的生命与财产安全的文明生活中,这种原则就不再适用了。它立在那儿,就像强权即公理时代留下的废弃不用的,立在良田、公路甚至铁路之间的城堡和钟塔一样。

因此，仍然认可这种原则的骑士荣誉只适用于那些人身攻击的小事，它们都是法律会轻判或根本不会惩罚的事，只是一时玩笑引起的小过失。适用范围有限所带来的结果就是，骑士荣誉逼着自己陷入对人的价值的过分尊重中，而这种尊重是与人的本性、构造及命运绝不相容的。它会自鸣得意地认为自己很神圣，认为国家对这种小伤害的惩罚力度非常不够，所以要通过袭击挑衅者的生命或肢体来让自己惩罚它们。整件事情显然源自过分的盛气凌人，哪怕声称自己绝对不会接受任何攻击，就连指责也不行，完全忘了人之所以为人。那些决定用武力来执行这个准则，以及宣布将侮辱或打过我的人必死作为行动准则的人，都应被驱逐出他们的国家。①

---

① 骑士荣誉是骄傲与愚蠢的产物，可人类的遗产是贫穷而不是骄傲。有一个极为明显的事实，即只有在信奉教导最大谦卑的宗教的信徒中才能找到这种极端的骄傲形式。还有，一定不能把这种骄傲贬低为宗教，反倒应该把它看成即封建制度。这种制度让每位贵族成了不承认人类的判决的小国王，学会了把自己当成神圣不可侵犯的人物，把对这种人物的任何攻击、任何的拳脚相加或侮辱性言辞当成一定要用死亡去惩罚的罪行。骑士荣誉守则和决斗原则一开始只限于贵族阶层，后来，军队中不时与上流社会来往的军官也开始遵循这个原则。尽管他们永远也进不了上流社会，但却担心自己被落在后面。决斗确实是过去的神裁法的产物，但神裁法并不是决斗的根源，而是骑士荣誉守则的具体运用和应用结果：不承认人类的判决的人去求助神了。但是，神裁法并不是基督教国家特有的东西，它在印度人特别是古印度人中的威力极大，直到现在都能看到它的身影。——原注

在任何事上让步的习惯可以减缓这种粗鲁的傲慢。如果两个无畏的人相遇,谁都不肯退让一步,那么最小的分歧也能让他们破口大骂,接着就是大打出手,最后就是致命一击,所以,省掉中间步骤而立即动手倒确实更合乎礼仪。诉诸武力有特别的手续,这些手续已经进化为严格而精确的法律和法规制度,加在一起就成了一出最庄重的荒诞剧——普通的荣誉殿堂中供奉的是愚蠢。这是因为,如果两个无畏的人为一些小事吵起来(更重要的事由法律来解决),他们中的一个,那个更聪明的,自然会让步,这样他们就会接受分歧。这个事实印证了一点:普通人,或者不如说不知道骑士荣誉守则的芸芸众生,会任由争执自然发展。他们中的杀人犯,比那群人崇尚骑士荣誉守则,总量可能占不到千分之一的中的杀人犯要少一百倍,连斗殴的事也很少发生。

有这么一个说法,即良好的社会习俗与风气终归取决于骑士荣誉守则,而且借助其决斗制,这个准则就是抵御野蛮和凶残的攻击的堡垒。但雅典人、科林斯[①]人和罗马人的确可以炫耀,他们在没有骑士荣誉的帮助下,社会一样美好,甚至极好,民风、民俗达到了很高水平。古时候,妇女的确没有现在的优越地位,而现在的谈话却琐碎、轻浮,再也没有

---

① 古希腊的商业、艺术中心。

心灵的富足才是唯一真正的财富。——叔本华

古人才有的有分量的谈话了。

有一种潮流的确主要是由这种变化引起的，在现今所有令人满意的社会中，都能见到这种注重个人勇气胜过其他任何品质的潮流。事实上，个人勇气是个极次要的优点，它不过就是个副官的标记。实际上，在这一点上，更低等的动物都比我们强，或者说你再也听不到人们说像狮子一样勇敢的人了。骑士荣誉绝不是社会的支柱，一般来说，它的确是欺骗和邪恶的避难所，是不文明、欠考虑及粗暴无礼的挡箭牌。粗野行为往往会悄无声息地被人忽略，因为没人愿意冒着生命危险去纠正它。

在说过了这些之后，有一件事好像就没什么奇怪的了：对决斗制最热衷的国家，恰恰就是在政治上和财政上不十分体面的国家。要想知道这种国家中的个人生活和家庭生活是个什么样子，最好去问那些亲身体验过的人。他们缺乏儒雅气质和社交礼仪，这一点一直显得很突出。

所以，这种借口是没有真理可言的。可以更公正地说，如果你冲着一条狗大叫，它也会冲着你叫；如果你爱抚它，它也会摇着尾巴讨好你。人的本性也一样，恶有恶报，就算任何轻视和憎恶的举动都会让人痛苦和恼怒。正如西塞罗所说：嫉妒的冷嘲热讽中有一种很尖锐的东西，就连智慧、富

人们虔诚地祈求神的保佑。

有的人也会深受其苦。可能除了几个宗教地区以外,世界上没有一个地方可以对侮辱或动粗安之若素。不管是侮辱还是动粗,人们除了很自然地认为应该采取相应的报复行为之外,绝对没有其他要求,但也绝不会认为,让指责别人说谎、愚蠢和怯懦的人去死才是合适的惩处方式。德国用鲜血还击暴力的旧学说是对骑士精神时代的盲目崇拜。不管怎么说,驱使人们对侮辱进行还击或报复的是愤怒,而不是骑士精神的倡导者们为了骑士荣誉而尽的义务和责任。实际上,说得越对诽谤就越多。显然,针对真正过错的最微小的暗示,比针对无中生有之事的最可怕的指控更能得罪人。所以,确信自己什么也没做而不该受到指责的人会不屑一顾,并因此保证了自己的安全。荣誉学说则要求他拿出一种他并没有做的敏感来,并对他并没有感到的耻辱展开血腥的报复。为了不让别人说出不利于自己的话而赶紧把人打得鼻青脸肿的人,一定是个对自己评价不高的人。

正确地评价自己可以让人对侮辱不予理睬、淡然处之。如果他还是愤愤不平,那么一点点精明和修养就可以帮他不露声色、掩饰愤怒。如果他能够摆脱对骑士荣誉的这种迷信——我说的是被人侮辱了荣誉就没了,而还击了这种侮辱的话荣誉就回来了的这种观念——如果我们能够不让人们错误地认为,对侮辱的迅速还击可以使残忍和傲慢无礼的行为合法化,那么我们就都能立即达成下述共识:侮辱和轻视就像是一场占下风者是赢家的争斗。这样一来就会像文森佐·蒙蒂①说的那样,辱骂就像教堂里行进的队伍一样,从哪儿来回哪里去。如果我们能让人们这样看待侮辱,那就用不着为了证明我们是对的而恶语相向了。遗憾的是,如果我们想认真对待某个问题,我们就必须先想想,这会不会在某些方面得罪某个笨蛋,他通常对微不足道的小聪明都会惊恐不安、心怀不满。此外还很容易出现这种情况:有聪明才智

---

① 意大利新古典派诗人。

新风景并不总意味着新思想。——贺拉斯

的人不得不与除了狭隘和愚蠢之外一无所有的人去竞争。如果这些障碍都能被清除，那么才智上的优越就能在社会中占据它应有的领先地位，这种领先地位现在却被只不过就是一种战斗精神的体格上的出色把持着，尽管人们不愿承认这点。这种地位上的变化自然会让最优秀的那类人少了一条脱离社会的理由，还会为我们进入一个真正谦恭有礼的，像雅典、科林斯和罗马已经有过的那种美好社会创造条件。如果有人想看看我所说的社会是个什么样子，我建议他读读色诺芬①的《会饮篇》。

最后一个可以为骑士荣誉辩解的论点无疑就是，如果没有骑士荣誉，世界就是一个嘈杂的场所。多糟的想法啊！对此我可以简短地回答道：在不知道骑士荣誉守则的人当中，99%的人会经常打别人或被人打，却并没有造成任何致命后果；而对于奉行骑士荣誉守则的人来说，一个拳头通常都意味着其中一方的毙命。还是让我来详细说明这个观点吧。

我总是试图找出站得住脚的，或至少貌似合理但却不仅仅是老生常谈的东西，也就是说我想找到一些实实在在的理由，可以用来解释为什么一部分人根本就认为被人打是一件糟糕透顶的事。但无论从人的本性当中的动物性角度，还是

---

① 希腊历史学家、作家，雅典人，苏格拉底的弟子。

从理性角度，我都没有找到。打人就是——并且永远是——一个人能对另一个人造成的不足挂齿的身体伤害，从而也就说明了，这仅仅是说这个人的体能或技能优于另一个人，或者说他的敌手没有防备，再怎么分析也是这样。被人打了一拳的骑士会认为这是最邪恶的事，然而如果他的马用十倍于这一拳的力量踢了他一脚，他却会忍着疼痛一瘸一拐地走开，这让我们确信，无论如何，这种事是不会造成任何后果的。所以我会想到，祸根一定是人的手。而在一场战斗中，骑士可能被同一只手砍伤和刺伤，可他却会向你保证，他的伤不值一提。现在我也听到了这种说法：被拍了一刀绝没有被打了一棍糟，而且在不久之前，军校的学生是要接受前一种而不是后一种惩罚的，而最高的荣誉就是这种奖赏。这就是我能找到的所有的心理或道德依据，剩下的就只是告知世人，有关骑士荣誉的整件事根本就是陈腐的盲目崇拜，并举出更多的可以证明传统威力的例子。世人皆知的一个例子可以证实我的观点：在中国，普通百姓最常受到的惩罚是打板子，各级官员也不例外。这说明，人性，乃至高度文明的国家的人性，并非和这里所说的人性如出一辙。

相反，不带偏见的人性观点认为，人会去打斗是很自然的事，就像凶猛的动物会去撕咬，或有角的野兽会用角顶撞和攻击。可以把人说成是打斗的动物，所以，当我们偶尔听说一个人咬了另一个人,我们就会心生厌恶;另一方面,一个人挨打或打人是很自然的家常便饭。随着我们变得越来越有教养,我们会很乐意用相互克制的方法避免打斗,这一点再明白不过了。但逼着一个民族或一个阶层把打斗看成是可怕的必定招致死亡和凶杀的不幸,则是一件很残酷的事。世间真正的罪恶实在太多了,所以我们不能再通过想象来夸大打斗这种不幸了,这种想象会带来真正的不幸,而这恰恰是盲目崇拜骑士荣誉的结果,其愚蠢和邪恶会立即得到验证的。

在我看来,明智的政府和司法机关不会通过废除民事和军事生活中的鞭刑来助长这种愚蠢行为。他们认为这是在为人类着想,实际上他们做的却正好相反。废除鞭刑只会加重这种不人道以及对这种做法的可恶的盲目崇拜,人们为此已经付出太大的牺牲了。对于十恶不赦之罪以外的所有过错来说,被打一顿是明摆着的因而也是很自然的一种惩罚,因为不听劝就该挨打。我认为,对某些人进行体罚是公正的、合适的,比如一无所有因而无法被处以罚金的人,或其主人会因为得不到他的服务而利益受损,从而不能被关进监狱的人。的确没有反对这一点的理由,即使有也只不过是谈谈人的尊严罢了,而谈也是从我一直在说的、有害无益的盲目崇拜的角度谈,而不是从有关这个主题的任何清晰的理念的角度谈。

如果我们必须靠别人的恩惠过活,那我们根本就活不下去。——歌德

整件事根本就是一种迷信,这一点被一个近乎可笑的例子证实了:不久前,多个国家军队中的鞭刑被改为棍刑。不管是用鞭子抽还是用棍子打,目的都是为了让人疼。后一种方法没有羞辱的成分,不会让人的荣誉受损。

人们如此迷恋这种迷信,只会使国家被骑士荣誉守则挟持,助长决斗行为。与此同时,国家又在努力地——至少也是在假装努力地——通过立法来废除决斗制。于是我们就看到了这样一个自然的结果:在现今19世纪的大部分生活中,仍能找到强权即公理这个始自最野蛮的中世纪理论的残余。这给我们带来了更多的耻辱,是时候把它全部抛弃了。今天已经不允许人们斗狗、斗鸡了，至少在英格兰，这是要挨罚的。但是，这个荒唐、可笑、迷信的原则却让人们不顾自己的意愿，投身于置人于死地的争斗中。该原则强迫我们接受一种观念，即应该为任何鸡毛蒜皮的小事像角斗士那样与他人争斗，而这正是支持和倡导该原则的心胸狭隘之徒所宣称的。我建议语言学家用攻击一词来替换决斗。决斗这个词可能不出自拉丁文，而出自西班牙文，意思是苦难、麻烦和烦恼。

不管怎么说，我们都会觉得，用过于一本正经的方式来执行这个愚蠢的决斗制是很可笑的。的确令人作呕的是，有着荒谬规则的骑士荣誉守则能在一个国家里形成一股势力。这股势力极易被发动起来，它不认公理，只认凌驾于其范围之内各阶层之上的强权和虐政，并开着自己的宗教法庭，任何人都可能被最站不住脚的借口硬拉进来，然后在那里接受自己和对手之间的生死审判。这是所有流氓、无赖的藏身之处，如果他就属于我们一直在说的那个阶层，那他就会威胁甚至消灭最高贵、最优秀的人，这些人绝对是他憎恨的人。现如今，我们的司法和警察制度让所有流氓、无赖再也不能在光天化日之下对我们实施要钱还是要命的攻击了。上流社会的人应该卸下自己身上的负担——时刻准备着用自己的生命和肢体来拯救粗鲁、野蛮、愚蠢、恶毒的无赖。两个少不更事、年轻气盛的少年就应该仅仅因为几句口角而受伤、致残甚至被杀，这完全是骇人听闻的。

可以从这个事实中看出国家中的这股暴虐和迷信势力有多强，如果一个人因为挑衅者的地位优越或卑下，或因其他让人地位不同的东西而无法恢复自己的骑士荣誉，那他通常都会绝望地自杀，以悲剧告终。如果你发现，根据逻辑，事情应该是这么一个结局，可结果却正相反，那你通常会认为这件事错了，是荒唐的。以下情况就荒唐之极：一方面禁止官员参加决斗；另一方面，如果有人向他发起挑战而他不愿应战，那他就会被开除公职。

既然谈到这件事，那就让我再坦率些吧。人们总是说，手持一样的武器，在一场公平的搏斗中杀死敌人与暗箭伤人之间有很大区别，可这种区别完全是由一个事实造成的：正如我说过的，国家中的那股势力只认强权，即强者的权力，别的权力一概不认，并且把上帝的审判看做是整个规则的根本。因为，之所以要在一场公平的搏斗中杀死一个人，是为了证明你在力量或技巧上比他强，而为了证明这种行为是合法的，你就必须想当然地认为强者的权力才是真正的权力。

可事实却是，对手的无力抵抗为我提供的是杀死他的可能，而绝非杀死他的公理、权力。这种公理，即道义上的正当理由，必须完全取决于我杀他的动机。即便假设我有充分理由要一个人的命，我也没理由就因为我在射击或击剑上比他强而杀了他。在这种情况下，我杀他的方式，无论是正面攻击还是背后袭击，都是无关紧要的。从道义的角度来说，强者的权力并不比技高一筹者的权力更具说服力，并且如果你想用诡计杀人，你就得使用技巧。在这里，强权和技巧都是对的。例如，在一场决斗中，这两者都会起作用，因为虚晃一枪其实就是诡计的另一个叫法。如果我认为自己在道义上有理由要一个人的命，那么先弄清楚他在射击或击剑方面是不是比我强就很愚蠢了，因为如果他比我强，那他不仅会无礼地对待我，还会用我的命作为交换条件。

卢梭认为，对侮辱进行报复的恰当方式是暗杀挑衅者，而不是和他决斗，不过他本人对此事却相当谨慎，只在《爱弥儿》一书中用一个很难理解的注释勉强透露了一点儿。这说明，这位哲学家完全受到中世纪盲目崇拜骑士荣誉的影响，以至于认为暗杀一个指责你说谎的人是正当的。他一定知道，在没有暗杀的年代，每一个人，特别是他自己，是该受到这样的指责的。

在公开的对决中，在使用相同武器的情况下将对手杀死是正当的，这种偏见显然是在把强权当成真正的公理，把决

斑驳陆离的世界让哲学家也头疼不已。

斗当成上帝的干预。盛怒之下的意大利人,只要碰到了挑衅自己的人就会把他打倒,并草草掩埋了事,没有任何仪式,最起码这种行为是始终如一的、自然的,他比决斗者更聪明,却不会比他们更坏。如果你说,我在决斗中杀死对手是正当防卫,因为那时他正要拼命地杀死我,我的回答是,正因为你在挑战他,他才会进行必要的防卫,而且因为双方都要自卫,所以才都要给自己找一个貌似有理的谋杀借口。我宁愿用愿赌服输的原则为这种行为开罪,因为双方都同意把自己的命押上。

然而,受伤的一方并不是自愿受伤的,因为将交战双方中至少一方的斗士强行拖到沾满鲜血的宗教裁判所前的,是有着荒谬规则的暴虐的骑士荣誉守则。

我在骑士荣誉的话题上的确啰唆了很多,但我是有理由这么做的,因为只有哲学这把长扫帚才能将世间的道德和精神领域中的污秽、肮脏扫除。有两样东西能让现代生活中的人际交往比不上古代的人际交往,它们让我们这个时代阴沉、黑暗和邪恶,而古代的人际交往却是清新和自然的,就像生命的初期,并且自由自在、无拘无束,这两样东西就是现代荣誉和现代弊病。它们合起伙来破坏生活中所有的关系,不管是公共关系还是私人关系。这对贵族中的第二个贵族(现代弊病的影响)似乎比第一个(现代荣誉的影响)大得多,因为弊病不只是身体上的,还有道德上的。自从在丘比特的箭筒里发现了毒箭起,男女关系中就有了疏远、敌意乃至恶毒的东西,它们就像一根充满恐惧和怀疑的邪恶之线一样穿进了将他们包在一起的织物中。这就间接动摇了人类伙伴关系的基础,也就多少会影响整个生命进程。深究这个问题是会跑题的。

骑士荣誉守则还产生了一个类似的影响,尽管起作用的路径不同,那就是这出古代所无的让现代交往呆板、郁闷、胆小羞怯的庄重闹剧,逼着我们必须留意自己说的每一句话。这还不算完,这个原则还是全世界的人身牛头怪物[①],名门之

---

① 希腊神话中的怪物。

神庙里象征着帝王荣耀的方尖碑。

家的优秀男孩每年都要被供奉给它,这些男孩不像过去那样只来自一个国家,而是来自欧洲各国。是时候要经常抨击这个愚蠢的制度了,我现在就在做。本世纪末,很有可能这两个现代社会的妖怪彻底消失掉!

我们希望能用药物来防止其中一种病,并能通过清除我们的观念,用哲学来根除另一种病,因为只有清除了我们的观念,才能根除邪恶。政府已经通过立法在努力这么做,但却失败了。

还有,如果他们真想废除决斗制,如果他们的努力之所以没取得多大成绩,的确只是因为他们无力对抗邪恶,那么我倒不介意帮他们拟出一个保证他们能成功的法律。这里面没有残暴的手段,并且不需要借助绞架、恐吓或监禁就可以实施,只是一些顺势医治的小药丸而已,不会产生严重的副作用。如果有人发出或接受了挑战,就让下士把他带到禁闭室前,在光天化日之下打他十二军棍,不是军官或贫民的打六军棍。如果真的发生了决斗,那就应该进入正常的司法程序。

一个有着骑士荣誉观念的人可能会反对说,如果这么处罚,体面人可能会自杀的。我对此的回答是,对这种傻瓜来说,杀死自己总比杀死别人好。但我知道得很清楚,政府是不会真心废除决斗的。文官以及更多的武官(除了最高职位的官员),其报酬极其微薄,这方面的不足就由以头衔和勋章为代表的荣誉来补,一般来说就是等级和荣誉制度。所以,对有地位的人来说,决斗是一个非常得力的帮手,因此,在读大学的时候,他们就接受了这方面的训练。用鲜血来补偿报酬不足的人有时是会出事的。

在就要结束这个讨论之际,我还想说说国家荣誉。这种荣誉是一个国家整体的荣誉。由于除了武力之外没有一个法庭可以裁决国家荣誉,还因为各个国家一定会捍卫自己国家

名声是永恒的,荣誉则是短暂的。——叔本华

的利益,所以国家荣誉就建立在一种看法的基础上:这个国家不仅是值得信赖的(信誉好),而且还是令人生畏的。任何侵犯国家荣誉的行为绝不会被忽视掉,它是民誉和骑士荣誉的结合体。

五、名声

估计我们会把名声排在世间所有东西的前面,所以现在我们必须说说名声了。

名声和荣誉是双胞胎,它们也像双子星卡斯托尔与波鲁克斯①那样,一个死了一个永生。名声是永恒的,荣誉则是短

---

① 希腊神话中两个友情深厚的孪生兄弟。

暂的。我说的当然是最高层次的名声，即真正意义上的名声，因为名声的种类的确很多，有的只能维持一天。荣誉针对的是任何一个人在类似情况下都应该表现出来的某些品质；名声则与不能要求任何人表现出来的某种品质有关。荣誉涉及的是任何人都有权说自己拥有的品质；名声涉及的则是只能让别人说自己拥有的品质。别人对我们了解多少，我们的荣誉就有多少，名声则能跑在前面，它在哪里，别人就知道我们在哪里。任何人都能要求别人给自己荣誉，但却极少有人要求别人给自己名声，因为只有凭借非凡的成就才能得到名声。

这种成就既可以是行为类的，也可以是作品类的。所以，可以通过这两条路来获得名声。要想走行动这条路，就要有颗伟大的心；要想走作品这条路，就要有个智慧的脑。每条路都有自己特有的优势与劣势，它们之间的主要区别是：行动是转瞬即逝的，作品却可以永存。由于行为绝不会非常高尚，所以其影响都很短暂，天才的作品却总能影响人们，它会让人终身受益、一生高尚。行动留下的都是记忆，这些记忆会随时间的流逝变得模糊不清、无关紧要，直至最终完全消失，除非历史把它记录下来，并把这块化石传给后人。作品本身就是不朽的，人一旦决定投身于写作，就可能永生。我们只知道亚历山大大帝的名字和史料，但柏拉图、亚里士

小鸟在问候渴望永恒的拉美西斯二世。

多德、荷马和贺拉斯却活在人们心中,如今他们还像在自己的那个时代那样直接影响着我们。《吠陀经》①及其《奥义书》②依然和我们在一起,而那个时代的行动却没给我们留下任何痕迹。③

伟大行动的名声有这么一个优势:一般来说,它都伴随巨大的声势而来,声势大得连整个欧洲都能听见。伟大作品的名声则以缓慢的、循序渐进的方式开始,起初声势很小,之后会越来越大,直到最后,也许是一百年,达到极致。于是,名声永远地留了下来,因为作品是不朽的。另一种情况则是,一旦初次的爆发结束,声势就会越来越小,听到的人也会越来越少,到最后,由于这种行动只是模模糊糊地存在于历史书中,这种名声也就消失了。

这种名声另一个不好的地方是,有没有行动要看有没有机会。所以,行动所赢得的名声并非全部源自其内在价值,还会

---

① 婆罗门教和现代印度教最重要和最根本的经典。
② 是《吠陀经》的最后部分,启示出精神上极为深奥的真理。
③ 所以,尽管有时很时兴,但是把作品称为行动来赋予作品荣誉这一方式却并不是什么好的恭维方式,因为从本质上说,作品是境界较高的东西,而行动往往是基于目的的东西,因而就不完整,并且转瞬即逝,实际上它就是构成这个世界的普遍的、原本的意欲中的一个部分。但伟大而美好的作品却具有永久性,它具有普遍意义,源自人的心智,就像一缕芬芳,飘荡在意欲世界中的谬误与愚蠢之上。——原注

> 伟大行动的名声……都伴随巨大的声势而来,声势大得连整个欧洲都能听见。——叔本华

出自碰巧可以为它们提供重要性和荣耀的环境。还有,如果行动的名声是纯个人的,就像战争中那样,那么它就会取决于若干见证人的证言。可并非总能找到这样的证言,即便有也并不总是公正的。然而,这种劣势是可以被一些事实抵消的,即行动具备实用性这个优势,因此一般人都能理解它。所以,一旦如实公布了事实,就立即有了公正,除非导致行动的动机的确没能在一开始就被人正确地认识和理解。离开了激发行动的动机,就没人能真的理解这种行为。

这一点与作品刚好相反。有没有作品并不是要看有没有机会,而是完全要看作品的作者。无论他们是什么样的人,有什么目的,只要他们活着,他们就会始终如一。还有,正确地评价一个作品是一件困难的事,越有特点的作品就越难评价，常常会出现曲高和寡、缺乏公正或诚实评价的情况。但是，作品的名声并不仅仅取决于一种评价，它可以去求助于其他评价。正如我说过的那样，行动留给后人的只是记忆而已，因而只能以传统的形式流传，作品则可以自己流传，并且在所有内容保存完好的情况下，还可以以其问世时的本来面目流传下去。这么一来，便没了诋毁作品的空间，并且随着时间的流逝，它们问世时就遭受不公平对待的各种情形也会烟消云散。不仅如此，往往只有在多年以后才会出现真能评价它们的人，他们把非凡的评价赋予非凡的作品，将自己颇具分量的评判传承下去。所有这些共同形成了对作品十分公正的评价，虽然有时需要几百年的时间，但一旦有了这样的评价，时间的流逝就再也不能改变它了。所以，伟大的作品一定会有名声，这种名声也是十分牢靠的。

作者是否能活着看到自己的作品得到承认，要看他的境遇如何，其作品的水准越高、越重要，就越不可能活着看到自己的名声。塞涅卡说过一句精妙绝伦的话：伴随功绩而来的名声与身体投下的影子一模一样，有时会在前面，有时会在后面。他接着又说：尽管妒忌让同时代的人集体沉默，但能够不带敌意或偏袒来评判的人一定会出现。从中可以看出，就连塞涅卡的时代，也有流氓、无赖精通如何压制有价值的作品这一艺术，他们故意无视作品的存在，为了偏袒坏作品而让好作品与世隔绝。我们这个时代也深谙此道，忌妒式的集体沉默本身就证明了那时和现在一样。

一般来说，一个人的名声越可能持久，其名声来得就越晚，因为所有出色的产品都需要花时间培育。能留给后人的名声像一棵长得很慢的橡树；转瞬即逝的名声像一荣一枯的植物；假名声则像真菌一样，一晚上就能长出，但很快就会死去。

为什么呢？因为一个人属于后人的部分越多，换句话说，一个人越是属于全人类，就越是与他的同时代人格格不入，因为他的作品针对的不是就其本身而言的他们，而是作为整个人类的一部分的他们。在他的作品中找不到任何他们所熟悉的带有地方色彩的从而可以吸引他们的东西。因此，之所以没人认可他所做的一切，是因为它是"怪异"的。

人们更有可能欣赏同时代的人或顺应时代的人，他们只属于这一个时代，并和这个时代同生共死。

艺术和文学通史表明，一般来说，人类思想的最高成就最初都是不被人接受的，它们一直默默无闻，直到引起智者的注意。在智者的影响下，它们得到了应有的地位，然后凭借着赋予它们的权威而长存。

如果有人想知道其中的原因，他们就会发现，说到底，人们真能了解并欣赏的东西，只能是和自己本身很相像的一些东西。无聊之人会喜欢无聊之事；普通之人会喜欢普通之事；头脑复杂之人会喜欢复杂的思想；没有头脑之人会喜欢愚蠢之事。而最优秀的人会喜欢自己的作品，因为他就是作品中的人物。这一真理和记忆力惊人的埃庇卡摩斯①一样古老，他说过一段不该被忘记的话，大意是：人们一般会自我感觉良好，这并不奇怪，因为对于狗来说，狗就是世上最好的东西；对于牛来说，牛就是世上最好的东西；对于蠢驴来说，驴就是世上最好的东西；对于老母猪来说，猪就是世上最好的东西。

用最有力的臂膀击打分量轻的东西是徒劳的，因为这只需耗费它一丁点力气，不能让它有冲劲，所以它很快就会垂下来，而不是迅速地给目标重重一击。伟大和高贵的思想，甚至天才的杰作也是如此，它在无人问津，只能面对卑微、软弱和固执的头脑时也是这样，各个时代的智者都哀叹过这个事实。例如，耶稣在《西拉之子耶稣智慧书》中就说过：给一个愚人讲故事就像是在跟一个睡着的人说话，讲完之后，这个人会问："你在说什么？"哈姆雷特也说过："狡猾、奸诈的言辞总是睡在蠢人的耳朵里。"歌德也有同样的看法，认

---

① 古希腊喜剧作家。

我们不应该为人们会自我感觉良好而吃惊。因为……对于驴来说,驴就是世上最好的东西。——埃庇卡摩斯

为愚笨之人的耳朵会嘲弄最智慧的言辞。他还认为:我们不应该因为人们的愚钝而气馁,因为将石头扔进沼泽中是不会泛起涟漪的。

利希滕贝格[①]曾问道:如果一个头脑和一本书撞到一起后发出了空洞的声音,那它还是一本书吗?他在另一个场合说:这样的作品就像一面镜子,如果照镜子的是蠢驴,那就别指望从镜中看到圣徒。我们应该牢记老盖勒特[②]精妙、感人的哀叹:世间最好的礼物总是最不被人赞叹的,绝大多数人都会错误地把坏的当成好的。任何东西都挡不住这种随处可见的恶,它就像瘟疫一样,无药可医。只有一件事可以做,那就

---

① 18世纪下半叶德国启蒙学者,杰出的思想家、讽刺作家、政论家。
② 德国启蒙运动作家,其作品主要是宣传理性,劝人戒恶从善。

是蠢人必须变聪明，可这实在太难了，因为他们永远也做不到。他们从来就不知道生命的价值，总是用外面的眼睛看世界，从来就没用过心。他们只赞赏微不足道的东西，因为他们不认得好东西。

正如歌德所说，在无法看清和欣赏眼前好东西的无能心智中，一定加入了一些到处都起作用的、属于人类基本品行的东西，在这里是以嫉妒的形式出现的。这样，一个人赢得的新名声就会让他再次出人头地，别人就被相应比了下去。因此，所有引人注目的功绩的获得，都是以没有功绩可言的人的付出为代价的，或者就像歌德在《西东胡床集》中说的那样：赞美别人就是在贬低自己。

所以我们就明白了，为什么无论出色的东西以何种形式出现，数不胜数的平庸之辈都会联合起来一起反对它，如果可能，还会查禁它，这个联盟的口令是打倒成就。更有甚者，那些有了些成绩、有一定名望的人，也会不理睬新出现的有名望的人，因为这些人的成功会让他们暗淡无光。所以歌德才说：如果我们必须靠别人的恩惠过活，那我们根本就活不下去了。他们那么希望成为举足轻重的人物，所以才愿意无视我们的存在。

相反，荣誉总能得到公正的对待，也不会遭受嫉妒的攻击。不仅如此，每个人其实都被授予了荣誉，除非能证明他不荣誉。而要想赢得名声就得与嫉妒交战，且发放名声桂冠的法庭是由从一开始就对申请人抱有偏见的法官组成的。荣誉是一种我们能够也愿意和每个人分享的东西；名声则是一种容易被侵蚀的东西，并且想得到它的人越多，就越不容易得到它。另外，靠一部作品来赢得名声的难度与可能会读这本书的人数成反比，所以学术专著的作者比消遣性作品的作者更难出名。最难出名的是创作哲学作品的作者，因为他们想要的结论都是相当模糊的结论。同时，从功利的角度来看，这种作品是没什么用的，它们吸引的主要是从事哲学工作的读者。

因此，从我有关很难赢得名声的论述中可以清楚地看出，那些既不是出于对其专业的热爱，也不是为了得到从事它的那种愉悦感，只是在野心的驱动下想出名的人，极少会或从来都不会将不朽的著作作为遗产留给人类。想做好的、真东西的人一定要躲开坏的东西，并要做好反对乌合之众的意见，甚至鄙视它的罪魁祸首的准备。所以有一句评论是很精当的（奥索留斯[①]特别强调这一点）：名声总是躲开追求它的人，而去追求躲开它的人，因为前一种人迎合当代人的喜好，后一

[①] 5世纪早期的史学家。

种人蔑视它。

然而，尽管很难得到名声，但是一旦得到了它，就很容易留住它。这里再强调一遍，名声和荣誉恰恰相反，荣誉是每个人都有可能得到的。另外，不是非得赢取荣誉不可，而是只要不失去它就行。可这是很难做到的，因为一个拙劣的行动就可以让荣誉一去不返。但名声，说得确切点，是永远都丢不了的，因为赢得了名声的行动或作品是不可磨灭的，尽管它的作者并没有为总是存在的名声做什么。消失的或减弱的名声本身就说明它是假名声，换句话说，它是因暂时高估了一个人的作品而得来的不当的名声。黑格尔喜欢的那类名声就更不用说了，利希滕贝格对它这样描述："它被一小撮钦佩大学生的人所吹捧，就像空空如也的脑袋里的响亮回声……这种名声一旦落在了怪诞的文字架构上、鸟儿早就飞走了的精美鸟笼上后，人们就会发笑。它会敲开这个腐朽的因循守旧的构造物之门，结果竟然发现里面什么也没有！连能招呼过路人的一点思想都找不到。"

实际上，名声只意味着与其他人相比这个人是什么样的人。从本质上讲，名声具有相对性，因而只具有间接价值。当其他人也变成了这个出名的人时，这个人的名声就会瞬间消失。只有一个人在任何情况下都会拥有的东西才具有绝对价值，这里指的是一个人本身是个什么样的人，自身有什么。只有伟大的心灵或头脑，而不是名声，才值得拥有，才能让人幸福。配得上让人出名的是一个人应该受到尊重的东西，而不是名声。这种东西一直都是真正的本质，名声只是偶然的东西而已，它主要以外在标志的形式影响主体，起着让自己更加相信自己的作用。仅当遇到了能反射它的东西时才能看到它，仅当声名鹊起时天才才是天才。但名声并不是功绩的某种标志，因为你可以有名，但可能没有功绩。正如莱辛[1]的精妙评述那样，有的人得了名，有的人配得名。

如果一个人认为自己有没有价值取决于别人的看法，那他真可悲。如果认为自身的价值就在名声里，也就是在世人的喝彩声中，那英雄或天才的人生就也是这么可悲的了。每个人都是因为自己的缘故才活着、存在着，所以他主要活在自己的世界里或为自己而活，而他是什么样的人以及用什么方式生存也就更关乎自己，而不是别人。这就是说，如果他在这方面没有太大的价值，那他在其他方面也会价值不大。别人怎么看他的生存方式是次要的，它们是衍生物，要看命运的安排，到头来只能非常间接地影响他。另外，别人的脑

---

[1] 德国18世纪启蒙运动主要代表人物之一，杰出剧作家、文艺批评家和美学家。

袋是个可怜的地方,成不了一个人的幸福家园。它可能会带给你想象中的幸福,但却带不来真正的幸福。

名声殿堂里住着的人真是各式各样!有将军、大臣、庸医、江湖骗子,有跳舞的、唱歌的,有百万富翁,还有犹太人!在这里,更真挚的赞赏和更真诚的敬意都被送给了他们当中那几个出色的人,而不是优秀、卓越的思想,绝大多数人只是嘴上承认这些思想而已。

从人类幸福的角度来说,名声的确只是一种稀有的精美小吃,用来满足人们的骄傲和虚荣。不管怎么小心掩盖,这种胃口还是会肆无忌惮地长在每个人身上,胃口最大的可能是不惜一切代价要成名的人。在把他们送到顶峰,让别人知道他们是什么样的人的机会没有到来之前,这种人通常都必须为了展示自己的价值而在不确定中待上一段时间,那时的他们会觉得,自己正遭受不为人知的不公平对待。①

但是,正如我在本章开头所说的那样,别人的看法中充斥着非理性的价值,与真正的价值完全不成比例。霍布斯②强

---

① 最让我们高兴的事就是受人尊重。可即便太应该尊重我们,那些尊重我们的人还是会迟迟不肯表达他们的这种感情。所以,不管采用何种方式,能真诚地尊重自己的人才是最快乐的人,只要能不受人打扰。——原注
② 英国政治家、思想家、哲学家。

烈地表达了这个观点,毫无疑问他是对的。他写道:当和别人比较之后,发现我们可以高度评价自己时,精神上的愉悦和某种狂喜便会油然而生。所以我们很容易理解总是与名声相伴的价值有多么值钱,因为只要有一丝希望得到它,人们就会不惜任何代价地去争取:

> 名声会激发出纯洁的灵魂
> (也是高贵之人的弱点)
> 让人蔑视欢愉,终日勤勉

还有:

> 名声辉煌的殿堂就在那高处闪耀
> 想爬上去何等之难
>
> 弥尔顿[①]《利西达斯》

于是我们明白了,为什么世上最虚荣的人总爱谈论荣耀,会绝对相信名声能激发出伟大的行动和伟大的作品。但毫无疑问的是,就其性质而言,名声是一种次要的东西,它只是

---

① 英国诗人、政论家,民主斗士。

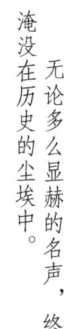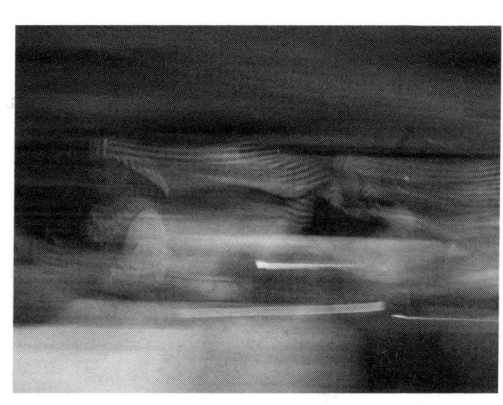

无论多么显赫的名声,终将淹没在历史的尘埃中。

功绩的回声或反射而已,就像一个影子或一个标记,并且无论如何,引发敬意的东西一定比敬意本身更有价值。实际上,带给人幸福的不是名声,而是给他带来名声的东西,是他的功绩,更准确地说,是让他做出了功绩的性情和能力,无论它们是道德方面的还是心智方面的。一个人的天性中最好的一面一定是对自己更重要,而不是对别人。而对此的反映,也就是别人脑袋里的看法,只能在很小的程度上影响他。配得上享有名声但至今没名声的人,拥有幸福中较为重要的东西,这应该可以安慰他了。我们嫉妒一个伟人,不是因为他在无能的且常常受到迷惑的大众眼里是个伟人,而是因为他的确是个伟人。他的幸福并不在于后人会知道他,而在于他是值得人们去珍藏并研究数百年的思想的创立者。

另外，如果有人就这么做了，那他就拥有了一些别人夺不走的东西。这些东西和名声不一样，它们完全取决于他自己。如果他的主要目的就是为了得到赞美，那他也就没有可让人赞美的东西了。浪得虚名，也就是无功受禄，就属于这种情况，因为这种名声的拥有者其实并不具备名声这种可见外在的标志所赖以生存的扎实基础。虚名总能让它的拥有者对自己不满，这是因为，尽管他会出于自爱而产生错觉，但当他爬到他从未想过的高度时，他会头昏眼花或觉得自己是个冒牌货。而且，在害怕被发现和害怕受到应得的羞辱的极度痛苦中，他会从智者的脸上看到后人对他的判决：他就像一个靠伪造遗嘱得到财产的人。

真正名副其实的名声是死后才有的名声，它的拥有者虽然永远也不知道这名声，但他仍然是个幸福的人。

他之所以幸福，是因为他既有让他赢得了名声的优秀素质，又有发挥这些素质的机会，也就是他有尽情从事自己喜欢的事的闲暇。只有用心去做的工作才能为你赢得桂冠。

让人幸福的是伟大的心灵或健全的心智，这种心智一旦被印在了作品上，就会在未来数个世纪中被人赞颂。让这个人此时感到幸福的思想，会成为子子孙孙中最高贵的人的研究主题和快乐之源。死后才有的名声之所以有价值，是因为

苦闷的哲学家

它是实至名归的,这是对这种名声唯一的奖赏。注定能得到名声的作品能否在作者的有生之年赢得名声,这完全要看运气,但也没什么大不了的,因为普通人没有鉴赏力,也绝对理解不了伟大作品的艰涩难懂。人们总是被权威所左右,名声泛滥成灾,也就是说,在99%的情况下,只要有人信,就能得到名声。如果一个人在活着的时候声名远扬,如果他还算聪明的话,那他一定不会很看重这种名声,因为这只不过就是一点声响的回声,是他在某一天撞大运所带来的。

如果一个音乐家知道观众们差不多都是聋子,并且为了遮人耳目,只要听到一两个人鼓掌,他们就会一起使劲地鼓掌,那么他还会因为观众的大声喝彩而洋洋得意吗?如果他知道那一两个人往往收受了贿赂,以便保证这个表演得最差的人也能得到最多的喝彩，他又会作何感想呢？

所以我们很容易理解，为什么同代人给予一个人的赞誉很少能变成他身后的名声。达朗贝尔①极为精准地描述了文学名声这座殿堂，他说："这里面住的都是在世时进不来的伟大的亡者，还有少数几个死后差不多都会被赶出去的生者。"我也顺便说一句，在一个人活着的时候就给他竖起一座丰碑，等于是在宣告：我们不放心让后人去评价他。如果一个人的确能享受到自己真正的名声，那他也很难在年老之前享受到。尽管画家和音乐家中有例外，但哲学家中却极少有例外。因作品而出名的人的肖像可以证实这一点，因为大部分肖像都是在他们成名以后画的，并且一般都会把他们画成满头华发的样子，终生研究哲学的人更是如此。从幸福论的角度看，这种安排非常合适，因为对于凡夫俗子来说，如果名声和年轻同时出现，那就太奢侈了。生活就是这样一种穷生意，必须对好东西精打细算才行。年轻时拥有了足够多的东西，就一定要对这些东西感到满足。等人老了，生活中再没有欢乐了，就像秋天的落叶时分，名声就会及时出现，就好像冬天里依然长青的植物。所以，名声就像是必须赶在圣诞节被人享用之前在整个夏天长起来的水果一样。人老之后，再也没

---

① 法国著名物理学家、数学家和天文学家。

有比下面这种感觉更能宽慰自己的东西了：我们把全部的青春都倾注到创作中，这些创作依旧年轻，永远不会老去。

最后，我想更仔细地分析一下心智方面的各种追求所带来的那种名声，因为我的评论更针对这种名声。

我认为，从广义上讲，卓越的心智来自于形成理论，也就是对某些事实的重新组合。这些事实可能千差万别，它们越是被人了解，就越常见，因而将它们归纳为理论所赢得的名声就会越大、越广。

例如，如果有争议的事实数量众多、分门别类，或属于特殊的科学分支，如物理学、动物学、植物学和解剖学，又或是古代作家的残篇断章，用无人知晓的字母写下的无法破解的碑刻铭文，或历史上含混不清的问题，那么因为正确地处理了这些事实而得到的那种名声，则只会在研究这些问题的少数人所组成的圈子里流传，很少会超出这个圈子。他们大多过着隐居生活，并会嫉妒那些在他们所在的特殊领域里出了名的人。

而如果事实正如大家所知道的那样，比如每个人都具有人的头脑和心灵的基本特点，自然的力量总在起作用，自然法则有规可循，那么因为发现了有关这些事实新的且显然很正确的理论而得到的名声，就是终将传遍几乎所有文明世界的那种名声。原因在于，如果事实是大家都能够掌握的事实，那么相关的理论通常也能被大家理解，而名声的大小则取决于需要克服的困难的大小。事实越被人所知，就越难形成新颖而正确的理论，因为做这件事的人实在太多了，所以说出过去从没说过的话的可能性就极小，或者根本就没有。

另一方面，不为人知的事实，只有克服了艰难困苦才能获得的事实，几乎都能被重新组合并形成新的理论。如果一个人可以将健全的理解力和判断力运用到这样的事实上——这并不需要极高的心智——那他就很容易幸运地发现有关这些事实的新的而且正确的理论。但这样得来的名声不会被了解这种事实的圈内人之外的很多人知道。解决有关这种事实的问题无疑需要进行大量辛苦的研究工作。如果只是为了得到一条可以名扬四海的路，那么不费吹灰之力就可以做到。可是越不需要苦干的事就越需要天赋和才华。无论是从自身价值的角度，还是从所受尊重的角度来说，才华和苦干都是不能相提并论的。

所以，那些觉得自己的确有心智，判断力也很强，但却并不能说自己具备最高心智的人，不应该害怕从事辛苦的研究工作。因为在这种工作的帮助下，他们靠自己的力量就可以超过人类中的群氓们——这些人对摆在眼前的事实视而不见——并且进入只有博学加苦干的人才能涉足的隐秘领域。

这是一个竞争对手极少的领域，才智一般的人也能很快找到机会推出新颖而正确的理论，他的功绩甚至部分地取决于找到那种事实的困难程度。对于远离这个领域的大众来说，来自唯一了解这个领域的同行们的喝彩声是几不可闻的。如果我们就想要这种名声，到头来就会发现，极难找到的那种事实本身足以构成产生名声的基础，根本用不着形成自己的理论。这就像在遥远的、鲜为人知的国家里旅行一样，一个人的所见所闻就可以让他出名，而不是他的所思所想。这种名声最大的好处就是，它涉及的是一个人的所见所闻，这比传达自己的所思所想容易得多，因为人们更容易理解描述性的东西，而不是思想性的东西，描述性的书比思想性的书更容易读。所以，正如阿斯姆斯所说：一旦一个人旅行过，他就可以讲故事了。

不过，与知名旅行家的私人交往常常会让我们想起贺拉斯的一句话：新风景并不总意味着新思想。

如果一个人具有极高的心智，就应该去解答有关整个自然界和最广泛意义上的人性方面最困难的问题。他会很好地把自己的视野扩展到所有领域，绝不会迷失在各种岔道上，也不会闯入鲜为人知的领域。换句话说，他不会去研究特殊的知识领域，也不会谈论这个领域中任何细枝末节的事。他用不着为了避开一帮竞争者而去寻找很难研究的问题，普通的人生目标就是他的新理论严肃而真实的素材。他所付出的一切会得到人类大多数成员的赞赏，因为他们了解他所掌握的那些事实。研究物理学、化学、解剖学、矿物学、动物学、语言学、历史学的人，和研究人类生活中重要事实的诗人和哲学家之间的差别真是太大了！